だいわ文庫

精神科医Tomyの
ほどほど力
全力投球は、もう卒業よ

精神科医Tomy

大和書房

はじめに
自分を守るために必要な「ほどほど力」

ほどほど力。皆さん、この言葉を聞いて何を考えましたでしょうか？　今回の企画のお話をいただいたとき、パッとアテクシの頭に浮かんだのが、この言葉なのです。

実はアテクシはもともと「ほどほど」が大好きな人間です。ほどほどに頑張り、ほどほどにあきらめ、ほどほどに毎日過ごす。そうやって生きてきました。

ただほどほどに生きる代わりに、押さえるべきところは押さえてきました。最低限押さえるべきところは押さえておく。そのためには、必要のないところではほどほどにする。効率よく自分のエネルギーを配分する。そのために「ほどほど力」が大切なのです。

しかし、そんなアテクシも「ほどほど」を忘れて全力投球した時期がありました。30代の半ば、アテクシが自分のクリニックを開業したときです。当時のパートナーが急逝した時期でもあり、アテクシは寂しさや辛さを忘れたいと、「ほどほど力」を忘れて「全力投球」したのです。

結果、クリニックには多くの患者様が訪れるようになりました。その代わり、自分の体調が悪くなり、重度の不眠やうつ状態を経験しました。これではいけないと、慌てて「ほどほど」に切り替えましたが、一旦そうなってしまうとなかなか回復できず、元の体調に戻るのに何年も要しました。

このときの経験から、やはり「ほどほど力」の重要性について改めて再認識しました。本来ほどほど力に長《た》けた自分でも、これだけの事態になってしまうのです。アテクシと違い、常に全力投球すべきであると考えている人は沢山いらっしゃると思います。そんな方は常に大きなリスクに向き合っているのです。

ほどほど力を取り戻した今のアテクシは、すっかり元気です。おかげで気持ちに余裕もでき、本当にやりたいことのために力を残しておけます。

皆さんも「ほどほど力」を身につけませんか？　気になった方はぜひページを読み進めてください。はっと思うことが沢山あるはずです。

Contents

はじめに……3

第1章 いらないこだわりを捨ててみる

なんとか最低限回ればよろし。 16
こだわりの解像度を上げましょう。 19
完璧主義な人ほど、制限が必要よ。 24
こだわりは少なければ少ないほどいいわけでもないのよ。 28
何をどうしたって、他人と過去は変えられないわ。 32
根っからの「完璧主義」もやわらげることはできるわ。 36
何が何でも「ほどほど」じゃなくていいの。 44
プロフィール疲れにご用心。 48

第2章

毎日にうまく余白をつくる

いっぱいいっぱいになって、日常生活に支障が出ていないかしら？ …… 54
いっぱいいっぱいのときこそ、こまめに休憩をとるのよ。 …… 60
1時間に10分、休憩をとりましょ。 …… 64
限界になってからでは、遅いのよ。 …… 67
マルチタスクよりシングルタスクで、余白はつくれるわ。 …… 70
何もしないでゴロゴロする時間こそ、本当の余白なのよ。 …… 74
休日じゃなくても、一日の中で、休み、楽しめばいいのよ。 …… 78

好きなことなら、どれだけ疲れてもいい、というわけでもないの。……180
人生の最後の瞬間を想像して、見えてくることもあるわ。……183
ほどほどに生きるために、捨てたほうがいいもの。……187
全方位で勝っていたいというのは、無理な話なの。……190
今、頑張って取り組むことは、「たった一つ」でいいわ。……193
自分の時間を大切に生きることが、わがままなわけがないわ。……199

おわりに……203

第1章

いらないこだわりを捨ててみる

なんとか最低限回ればよろし。

Tomy's Advice

◎完璧主義な人の苦しくなりがちなところ

完璧主義な人って、言い方を換えれば完璧じゃないと満足しないってことです。完璧なんてキリがないから、永遠に満足しない。落ち着かないってことです。完璧主義な人は、対策しないと人生の満足度が低くなります。

「いやそうじゃない、完璧主義だけどだからこそ達成する満足感がある」とおっしゃる方もいるでしょう。確かにそれはあるのです。

しかしそれは自分の「完璧」に努力で追いつき、また次の「完璧」を求めて努力で追いついていくこと。これ、何かに似てませんか？　そう、自転車操業です。完璧主義の人は、人生の満足度を自転車操業のようにして維持しているのです。

この生き方には余裕がありません。うまく回っているうちはいいのですが、ちょっと何かあるとあっという間に崩れてしまいます。たとえば環境の変化や、体力の衰え。人生は長いですから、いつでもパーフェクトな状態など保てません。こうなるともともと完璧主義であった分だけ、できなかったことがストレスとなって重くのしかかり、「できない↓落ち込む↓よりできなくなる↓

自己評価が下がる↓人生への不満がたまる」という負のスパイラルに陥るのです。

そこで、この本では「ほどほど力」について提唱していきたいと思います。何でも完璧ではなく、適度にほどほどに。なんとか最低限回ればよろし。そんな生き方です。

こんなことを言うと、「そんな生き方では張り合いがない」などという意見も出てきそうですが、違います。ほどほど力というのは、適切に頑張るところと、ほどほどになるところを使い分ける力。つまり器用に完璧主義になるという生き方とも言えるのです。完璧にしたい部分だけ完璧にして、あとはほどほど。しなやかに生きれば、真の強さが得られるはずです。

こだわりの解像度を
上げましょう。

Tomy's
Advice

◎「必要なこだわり」と「あまり必要でないこだわり」

では、「ほどほど力」に大切なものは一体なんでしょうか？　まず、最初のステップとして自分が完璧にしたいところとそうでないところを明確にするということが大切です。言い換えれば自分にとって必要なこだわりと必要ではないこだわりを分けてみる。

考えがまとまりづらいのであれば、いつものおすすめ、「書き出す」というのがまず良いと思います。最初に自分が完璧にしようとしてしまうこだわりを全部書き出してみましょう。

まあ、まずアテクシ自身でやってみようと思います。

- 健康でいる
- 人間関係を良好に保つ
- 仕事が適度に充実している
- 趣味や遊びの時間も適切にとれる

アテクシの場合はこんなところです。ではこのうち、必要なこだわりとそうでないこだわりに分けてみましょう。

健康……、絶対に必要ですね。健康でなければ元も子もないですから。人間関係、これも大切です。人は一人で生きているわけではありません。周囲の人間関係が安定しているのも大切です。仕事、これもとても大切。日々の暮らしを支えるものでもありますし、仕事はやりがいがあって、なおかつつぶされない程度にしたい。趣味や遊び、これも適切に楽しみたいです。

あれ、どれも必要なこだわりになってしまいました。そうすると健康も、人間関係も、仕事も、趣味や遊びも全力で完璧な状態を維持したいということになってしまいます。これでは何も変わらない完璧主義人間ですよね。

何がいけなかったのでしょうか？　実はこれではだめなのです。もっと具体的に、こだわりポイントを挙げていく必要があります。中身を具体的にしなければ、取捨選択できません。

なるべく「こだわり」の解像度を上げて、ピントを絞るということが大切になってきます。

では、さきほどのアテクシの例で見ていきましょう。

・健康でいる

健康といっても自分にとっての「健康」というものは、人によってまちまちです。たとえばフルマラソンを走れて、筋肉ムキムキで、風邪一つひかないというのが「健康」という人もいるでしょう。あるいは、そこそこ動けて、自立した生活が送れるというのが「健康」という人もいます。

アテクシにとっての健康はと考えてみると、そうですね。大きな怪我も病気もせず、健康的な体型を維持し、規則正しい生活ができることです。この段階で、「本当はマッチョがいいな」とか「激しいダンスもやってみたいな」という気持ちもあったのですが、そのためには厳しい食事管理やトレーニングが必要で、大きな怪我のリスクもあり、また年齢的にも体の摩耗がひどくなるだろうと考え、外しました。

おわかりでしょうか？　具体的に考えることによって、既に「必要なこだわり」と「そうではないこだわり」というのをいつの間にか選別しているわけです。さらに言うと、具体的に考える中で、優先順位もつけています。たとえば「マッチョは一番必要なものではない」といった具合にです。

この過程で大切なことは

- なるべく具体的にする
- 優先順位を意識する

ということです。これを行うだけでも、「ほどほど力」の大半は身につけることができているはずです。

完璧主義な人ほど、
制限が必要よ。

Tomy's
Advice

◎「妥協できない」への処方箋

完璧主義な人の中には、一旦始めると妥協ができず、何をするにも工程が増えて苦しむ方もいると思います。たとえば、掃除をするとき、「最初は大雑把に全体をやるつもりだったのに、始めた途端にいろんなことが気になり、終わらない」、そんな経験をお持ちの方もいるのではないでしょうか？

たとえばフローリングの掃除をしているうちに、木の隙間のゴミが気になって綿棒で掃除しはじめる。湯船を掃除するだけのつもりだったのに、浴室全体の湯垢やカビ、床のタイルの隙間も掃除しはじめる、などなど。

これは一例ですが、仕事でも家事全般でも、だんだん妥協できなくなって予定通りに終わらない、疲れてしまうという方はいると思います。こういう場合はどうしたらいいのかについて考えてみましょう。

一番いいと思うのは、制限するという方法です。何かを行う時間や場所、範囲の枠をあらかじめ決めてしまう。妥協できない性格をいきなり妥協できる性格にするというのは、できなくはないですが簡単ではありません。そこで、「枠組み設定」というものを行います。

「枠組み設定」というのは、我々精神科医がよく使うテクニックです。精神科医療においては、患者様と医師の間に一定のルールがあります。「定期的に受診する」「診察時間を守る」「薬は決められた通りに服用する」などです。しかし、時にはこれらのルールを破ろうとする方もいらっしゃいます。すると治療に支障が生じてしまうので、「こういうことをしたら治療の継続はできませんよー」という枠組みを作ってあらかじめ患者様に示しておくのです。これを**「枠組み設定」**と言います。

完璧主義な人が適切に妥協するには、自分に対して「枠組み設定」をするのが一つの方法です。たとえば、掃除は「今日は寝室だけ」「午前中まで」と線引きをします。どこまでやるかなどの領域、いつまでやるかなどの時間、あるいは両方を組み合わせて枠組みを作るというわけです。

完璧主義な人は、ルールがあればそれをしっかり守ろうとするはずです。それを逆手《さかて》に利用するのです。自分でルールを作っておけば、そのルールをちゃんと守るのはさほど苦痛ではないはずです。

また自分に枠組み設定を行うときに、やったほうがいい準備があります。それがスケジューリングです。完璧主義な人が妥協できないのは、確実に物事を成し遂げ、できれば最高の状態にしたいという思いがあるからです。そのため何かに取りかかると、「ここをもう少しこうしたら」「あれもやったほうが」「今のところ確認しておこう」などとキリがなく出てきてへとへとになってしまいます。

枠組み設定は確かに有効なのですが、ただ漠然と枠組みを作っただけでは「これでいいのかな」という不安から逃れられません。そのため、それでも妥協できなくなってしまう人にはさらに「スケジューリング」も行ったほうがいいのです。スケジューリングとは、綿密な計画です。期限までにあることを成し遂げなければいけないのであれば、その一週間前までにはここまでやる、二週間前までにはここまでやるということを考えます。最終的には一日でどこまでやれば大丈夫かがわかる程度にまでスケジューリングを行います。

これにより、枠組み設定の「ここまでしかやらない」という条件に説得力が出てくるので、安心して妥協できるわけです。

こだわりは
少なければ少ないほど
いいわけでもないのよ。

Tomy's
Advice

◎こだわりは少なくていい？

こだわりは多いほうがいいのか、少ないほうがいいのか。今までの話の流れなら、当然少ないほうがいいと言いたいところですが、厳密に言うと少し違います。

たとえば、先日アテクシは犬を飼おうかなと悩んでいる最中でしたので、犬を飼うときの例で考えてみたいと思います。

こだわりの多い人であれば、犬の種類を何にするか。オスにするかメスにするか。大きさは？　ショーにも出せるような犬なのか。ドッグスポーツを楽しみたいのか。いくつぐらいの子犬を迎えるべきか。犬の性格は？　など、こだわり出せばキリがないでしょう。これらのこだわりが、選ぶ楽しさや迷う楽しさにつながっているのなら、多少多くてもいいと思います。

しかしこだわりが強いがあまり、こだわりと現実の乖離《かいり》がストレスになったり、あるいは理想通りにいっているか常に見張っていて辛くなったりするようであれば、それは悲しいことです。

もちろんこだわりの少ない人であれば、こういうリスクは少なくなります。

自分にとってかわいければいいという人ならば、あまり気になることも起きないはずだからです。

なので、答えとしては「こだわりは少ないに越したことはないが、楽しめるこだわりの範囲なら多少多くてもよい」といったところでしょうか。

ちなみにアテクシは、「いつかは柴犬と生活したい」という夢がありましたので、こだわりは柴犬。あとはピンとくる子という条件だけにしました。いくつものブリーダーさんのところで見せていただき、とてもかわいい子と巡り会うことができました。

◎こだわりの取捨選択力

ではどんなこだわりならあってもよくて、どんなこだわりならないほうがいいのでしょうか？　この基準はひと言で言うと、「アナタが楽しいかどうか」です。こだわりにはアナタを満足させる効果と、苦痛に陥れる効果の二つがあるのです。

たとえば、アナタが新居を選ぶとき、場所、デザイン、駐車場の数、部屋、間取り、眺望など様々なこだわりポイントがあります。こだわろうと思ったらキリがありません。こだわるだけこだわって、それがアナタの楽しみになるうちはいいのです。しかし「ここの使い勝手が悪い」「駐車場が止めにくい」「もっと窓を増やしたかった」「壁にとれない汚れを見つけた」など様々な気になる点を見つけてイライラするぐらいならこだわらないほうがいい。

どこまでこだわって、どこからこだわらないか、自分が楽しい程度に決めることが大切なのです。

つまりこだわりの取捨選択力というのは、自分の気持ちを理解して、こだわりを調整する力であるということもできるのです。つまりこれも自分を理解し、自分の考えで歩む「自分軸」の問題とも言えるのです。

何をどうしたって、
他人と過去は変えられないわ。

Tomy's Advice

◎人生でコントロールできること、できないこと

「ほどほど」で物事を済ませられない完璧主義な人は、人生の何もかもを把握しておきたい、コントロールしたいという気持ちがあります。といっても、決してコントロールマニアというわけではありません。几帳面で真面目であるがゆえに、物事がちゃんと回るよう自分の人生に責任を持ちすぎているのです。

しかし、人生にまつわる全てのことをコントロールすることは不可能です。そもそもコントロールしようとしてはいけないこと、つまり「こだわってはいけないこと」というのもあります。

まずコントロールできないことの代表選手は「他人」と「過去」です。よく言われるように、他人と過去は変えられない。つまりコントロールできないのです。ここにこだわりを持ってしまっても不毛です。

たとえば他人に「こう考えてほしい」「こう行動してほしい」と思っても、アナタにはその思いを伝えること、望む方向に行きやすいように環境を整えることぐらいしか選択肢がありません。それを行ったところで、本当に他人がそうするかは他人次第です。

過去も同じです。一旦起きたことはなかったことにはできません。なので過去のコントロールはできません。後悔しても過去は変わらないのです。ただ過去から何かを学び、現在や未来につなげることはもちろんできます。

一方で、コントロールしたい、こだわりたいのであれば、容易で、結果が見えて、明るい気分になれるものにしたほうがいいでしょう。もちろんコントロールしないということができれば、それが一番ラクではありますが、人間そんなに簡単にやってきたことを変えられないものです。そこでおすすめするのは、**コントロールしたいことをラクなものに変える**という方法です。

ではそのおすすめのコントロール先は何でしょうか？　現在の行動、環境などです。行動は、今アナタが望めば変えることができます。気分が鬱々《うつうつ》としたり、イライラしたりするのであれば、ジョギングをして気持ちをすっきりさせることもできます。

体型をもっと引き締めたいと思うのであれば、筋トレをすればいいのです。筋トレのやり方がわからなければ、勉強を始めたり教えてもらったりすればいいのです。

環境もすぐには変えられないものもありますが、少しでも理想の環境に変えることは可能です。たとえば部屋の模様替えをして、気分を変え、明るく効率的な環境にすることができます。仕事の環境が良くないと思えば、もっと良い職場を探すこともできます。あまり良い人間関係でないと思えば、連絡をとらないようにすることもできますし、面白いと思った人と飲みに行くこともできます。

根っからの「完璧主義」も
やわらげることはできるわ。

Tomy's
Advice

◎グレーゾーンを許容する方法

「こだわり」が強く完璧主義な人は、何でも白か黒かはっきりさせようとする傾向があります。白か黒かはっきりさせたいがために、どんな物事でも成功か失敗かで考えてしまいがちです。「まあまあうまくいった」「ほどほどだけど、なんとかなっている」、こうした考え方が苦手なので、自分を追いつめてしまうのです。

そのためグレーゾーンを許容することが「ほどほど力」の獲得には必要になってきます。では、一体どうしたらグレーゾーンを許容できるようになるのでしょうか。基本、自分の考え方や性格は簡単には変わりません。こうしたものを変えることも可能ですが、簡単ではない上に時間がかかります。

そのため、こうしたものを変えたいときは、「自分の考え方や性格を生かした上で、工夫する」という方法がおすすめです。グレーゾーンに関する対応方法でも同じことが言えます。たとえば「優先順位を作る」という方法はいかがでしょうか。

アナタの中で、こだわりのポイントがいくつかある。それを全部書き出して、「どちらのほうがより重要か」について決めていく。順番が決まったら、どこかで自分にとって必要な部分を線引きする。こうすれば疑似的にグレーゾーンを受け入れていくことが可能になります。

具体例を考えていきましょう。たとえば、恋愛でグレーゾーンを作っていくことを考えてみたいと思います。恋愛でグレーゾーンの考え方ができない20代前半のAさんという人がいたとします。彼女には2年付き合っている彼氏がいます。先日、同じく彼氏のいる友人と出会い、「来年には結婚しそう」と聞かされました。Aさんは彼との関係性は悪くないのですが、それを聞いてモヤモヤしています。そんなAさんにこの方法を試してみましょう。

では早速彼女に優先順位の高いもののリストを作っていただきましょう。

- 継続的に関係が続く
- 価値観が合う
- 見た目がタイプである

- ギブアンドテイクができる
- 自分のことを最優先してくれる
- 一緒にいて楽しい
- 結婚など将来の見通しが立つ

ここからAさんにとって優先順位の高い順番に並べ替えてもらうことにします。ここで大切なことは、「どちらも同じぐらい大切」は不可とすることです。どんなに小さな差でもいいので、「よりどちらが大切か」を必ず決めてください。

そうするとリストがこんな感じになりました。

①一緒にいて楽しい
②継続的に関係が続く
③価値観が合う
④ギブアンドテイクができる

⑤見た目がタイプである
⑥自分のことを最優先してくれる
⑦結婚など将来の見通しが立つ

これを作ることでAさんは気づきました。どの条件も自分には必要だと思っていたけれど、実際には優劣がある。特にAさんにとっては①②③④まではどうしても譲れないものです。⑤以降はそこまでではありません。そう、優先順位の高い順に並べることで、自然と「グレースケール」（ここでは、グレーゾーンを作るモノサシという意味合いでそう呼びます）を作っているのです。友人との話でモヤモヤしたものの、実際には自分の中で結婚の優先順位は低く、さほどモヤモヤする必要はないと気がつきました。それどころか、今の彼との関係はむしろ自分にとって最適であるとすら思えるようになったのです。

このようにグレーゾーンを作るのが苦手であれば、優先順位を決めて自分なりの「グレースケール」を作るのがおすすめです。

また、この「グレースケール」は、日常的な些細なこだわりにも使うことができます。完璧主義な人は、些細なことにもこだわってしまい、うまく決められなくなることがあるからです。

たとえば、友達とお茶する店をどうするのか。ほどほど力のある人ならば、「まあ、このへんの店でいいだろう」と適度な適当さで決められます。しかし、完璧主義の人は、近場の店を様々なSNSを使ってリストアップし、「値段も安く、雰囲気もよく、混みすぎず、売りのメニューがある」最適な店を選ぼうとします。そのため時間がかかりすぎてしまったり、エネルギーを使いすぎて疲れ果ててしまったりします。

そんなときには、この「グレースケール」は最適です。たとえば優先順位の高い条件が「予算」「落ち着いて話せる」の二つだなと認識できれば、はるかにラクにお店を決めることができるのです。

◎「決めつけ」を減らす方法

ここで、少し性質の異なるケースについても考えてみましょう。それは「決めつけ」です。完璧主義者な上に、あまりにも自信のない性格である場合、この「決めつけ」が発生します。たとえば、キラキラした同僚から新しい職場に誘われても、「私にはここは無理だ」「私にはこんな仕事はできない」などと引いてしまうような場合です。日常的なレベルでも「こんな服は似合わない」「こんな髪型は絶対に向いていない」などといった「決めつけ」が発生します。完璧主義が自分の可能性を制限する方向に働いてしまうのです。

こういった「決めつけ」は先ほど述べた「グレースケール」では対応できません。決めつけは完璧主義に「自信のなさ」が加わってできているからです。

では、「決めつけ」にはどう対応したらいいのでしょうか。アテクシは「定期的な冒険」を提案したいと思います。さすがに「決めつけ」に対して日常的に対応することは困難です。自分の殻を破る作業ですから、毎回毎回殻を破るなどというのはなかなか難しい。

でも、週に一回、月に一回ならなんとかなるのではないでしょうか。定期的に今までやらなかったことにチャレンジする。その頻度は自分で負担のない程度に決めてください。それが**「定期的な冒険」**です。

アテクシは実はこれを実行しています。若い頃は髪を染めたことも、パーマをかけたこともありませんでしたが、あまりにも自分が変わらないのが嫌になりました。一旦やって、やっぱり合わないと思ったらやめればいいのです。しかし、定期的に何かを変える。そのルールは、持ち前の完璧主義で完璧に行う。

それだけで新しい発見があり、楽しいなと思えるようになったら、いつの間にか「決めつけ」も減っていくでしょう。

何が何でも「ほどほど」
じゃなくていいの。

Tomy's
Advice

◎「ほどほど」がストレスなら意味がない

ここまで「ほどほど」の大切さについて色々見てきましたが、何が何でも「ほどほど」にしなければいけないわけじゃありません。アテクシが精神科医として、「適当にやるのも大事ですよ」などと真面目な患者さんに言うと、しっかりメモをとりながら「は、わかりました。一生懸命適当にやりたいので、参考になりそうな本とかありますか」などと聞いてくる方もいらっしゃいます。こうやって書くと、なんだか冗談みたいですが、本当にそんな方もいらっしゃいます。それぐらい、自分の考え方や行動を変えるのって難しいんですよね。

ですから、これまでの話を読んで「何が何でもほどほどにしなければいけない」などと考えた方もいらっしゃるかもしれません。もちろん、そうではありません。

「何が何でもほどほどにしなければいけない」という考えは、それ自体が「ほどほど」ではありません。「ほどほど」というのは、あくまでアナタがラクになるために使う考え方なのです。どうしてもほどほどにできない、したくないものがあれば、それはもちろんほどほどじゃなくていいのです。

アナタの考え方がアナタを苦しめないこと、これがそもそも「ほどほど」の意義なのです。ほどほどにしてもいいことも全力でやっていれば、キャパオーバーで苦しくなる。ほどほどにしたくないことを、無理やりほどほどにやってもアナタは満足できなくなる。**「自分が苦しくないこと」**を基準にしてください。そうしなければ本末転倒です。

たとえば、アナタが夕食を作るときのことを考えてみてください。夕食を作るときに「全力で幕の内弁当を作ろう」なんて人はあまりいないでしょう。でも、「ほどほど力」のない人は、こんな感じのことをやっているわけです。数多くのお惣菜を、全力で作る。こんなことをしたら、一回の夕食でぐったりしてしまいます。うまくできないものもいっぱいあったりして、それで尚更落ち込んでしまうでしょう。

でもアテクシが「ほどほどを大切にしましょう」と言ったところで、全部ほどほどにしなくてもいいのです。たいてい「今日は冷しゃぶ食べたいな」「いいお魚が手に入ったから、これを生かそう」なんて考えるじゃないですか？

そして、「今日はこれにしよう」というメインのメニューを中心に、味噌汁や副菜は残ったものや簡単にできるもので「ほどほど」にしますよね。この要領でいいのです。全部「ほどほど」にしてしまえば、夕食を作る楽しみも減ってしまいますから。

ですから、何もかも「ほどほどにしなくてもいい」ということだけは念押ししたいと思います。「ほどほど」は自分がラクになる程度でいいんです。

プロフィール疲れにご用心。

Tomy's
Advice

◎肩書きもほどほどに

プロフィール疲れっていう言葉、ご存じでしょうか？　当然知らないと思います。今アテクシが思いつきましたから。なぜそんなことを思いついたのかと言うと、「自分のプロフィールにこだわりすぎて、疲れちゃう人もいるわよね」とふと思ったからです。同窓会に行ったとき、あるいは知り合いのFacebookを見たとき、こんな風に思ったりしませんか？

「わあ、なんて華やかな経歴だろう。仕事や肩書きも凄いし、友人も多いし。それに比べて私は……」なんて。また、誰に聞かれたわけじゃないけれど、少しでも見栄えがするように自分のことを取り繕ってしまう。こんな状態がプロフィール疲れです。

今の世の中は、情報社会の極限状態。SNSの影響もあって「プロフィール」を強く意識する人は多くなってきていると思います。情報が多い中で、自分のことを知ってもらおうと思えば、プロフィールから入るしかないからです。しかし、プロフィールなんてものはその人の一部でしかありません。また、真実がそこに書かれているとも限りません。そもそもプロフィールというのは、

「自分を他人にどう見せるか」という情報です。それはまさに他人の顔色を窺いながら生きる「他人軸」そのものと言っても良いと思います。他人の反応が自分の価値観になってしまうのが「他人軸」ですが、他人の言動というのは自分ではコントロールできません。他人軸で生きるということは、自分ではコントロールできないものに翻弄《ほんろう》されながら生きることなのです。

ですから「プロフィール疲れ」からは早々に抜け出す必要があります。経歴、見た目、所得、友人の数や肩書き。こういったプロフィールに対しても「ほどほど」に付き合うことが大切なのです。

ではどうしたら、プロフィールとほどほどに付き合えるのでしょうか？　その答えはシンプルで、**プロフィールの必要ない相手と付き合うこと**です。プロフィールの必要ない相手、それは既にアナタの周りにいる人々です。お互いのことをよく知り、いちいち自己紹介などするはずもない人々。それこそが人生において大切なものです。

もし、そんな人間が数多くいなくても、それでいいのです。プロフィールが派手で、アナタがうらやましいと思うような人でも、周辺の人間はそんなに多くなかったりします（うがった見方をすれば、だからこそ派手なプロフィールになってしまっているのかもしれません）。

なぜそんなことが言えるのかと言うと、どんな人間も与えられた時間は同じだからです。一日が24時間。一年が３６５日。仕事や睡眠の時間を取り除けば、他人との交流に使える時間なんてたかが知れています。どんなにプロフィールが派手でも、使える時間は決まっているのですから、多くの人間と日常的に付き合えるはずがありません。

つまりプロフィールというのは、実はコンプレックスを抱くような代物でもないということです。アナタにとって一番大切なのは、プロフィールなどという情報ではなく、「リアル」なのです。

プロフィールにこだわるのはほどほどに。大切なのはプロフィールの不要な周りの人々よ。

第2章

毎日にうまく余白をつくる

いっぱいいっぱいになって、
日常生活に
支障が出ていないかしら？

Tomy's Advice

◎「いっぱいいっぱい」であることの弊害

ほどほど力をうまく発揮できない人は、何事も完璧主義に、自分のベストを目指して頑張ってしまいます。その結果として気がつけば「いっぱいいっぱい」になってしまいます。では「いっぱいいっぱい」になるとどんな現象が起きるのでしょうか。

この「いっぱいいっぱい」というのは、言い方を換えると、脳のキャパがないということです。この状態をアテクシはよくパソコンにたとえています。パソコンにたくさんのタスクを行わせると、本体が熱くなり、動きが悪くなります。場合によってはフリーズして再起動が必要になってしまいます。

これはパソコンのメモリがいっぱいいっぱいになっているからです。どんなパソコンでもメモリには限界があり、これを超えてタスクを行わせるとフリーズするわけです。「いっぱいいっぱい」の人はこれとよく似ています。たくさんのアプリを立ち上げたり、作業させたりするなどして、フリーズする手前までパソコンを動かしているようなものです。

すると何が起きるでしょうか？　何か必要な作業が出てきても、もう何もすることができません。さらに常にメモリがいっぱいなので、動きも悪くなります。具体的にはいつも何かに急《せ》かされているような感じがして、常に何かの考えごとが頭から離れません。つまり気持ちに余裕がなくなるだけではなく、アナタの本来のパフォーマンスが発揮できないことになります。それどころか、場合によってはうつ病など健康を害する可能性すらあります。

◎「いっぱいいっぱい」のサインや前兆

では、この「いっぱいいっぱい」な状態をどう察知すればいいのでしょうか。人は好んでいっぱいいっぱいになるわけではありません。やらなければいけないことを処理しているうちに、気がつけばいっぱいいっぱいになってしまっているのです。そのときは「なんとかなるだろう」ぐらいにしか思っていないこともあるのです。

実は「いっぱいいっぱい」にはいくつかのサインがあります。それを察知できれば、事態が深刻化する前に対処することができます。そのサインをいくつかご紹介したいと思います。

① 感情がネガティブになりやすい

いっぱいいっぱいになると、視野が狭くなります。全体的に物事を見通して把握する余裕がなくなります。すると、漠然とした不安が漂うようになることがあります。また、元気なときには気にならなかった小さなことが気になるようになります。そしてそれを悪いほう、悪いほうに考えやすくなります。自分にも自信が持てなくなるようになります。「なんとかなるだろう」という気持ちが以前よりぐっと減ってきたら、「いっぱいいっぱい」のサインです。

② ぼーっとしたり、物忘れをしたりする

「いっぱいいっぱい」になると、脳の機能のキャパが限界に近づいています。すると、何も考えられなくなって、気がつけばぼーっとしていたり、普段はしないような物忘れが起きたりします。普段起こさないようなミスも起きたりします。

③体の症状が出やすくなる

体のだるさが出たり、頭痛、消化器の症状が出やすくなったりするなどの症状も出ることがあります。それぞれ個人の起きやすい症状があれば、それが強く出やすくなります。たとえば頭痛持ちであれば頭痛が頻回に起きるようになるなどです。

④睡眠・食欲が不安定になる

実は精神科の診察で、どんな病気であっても重視することが睡眠と食欲です。精神的な不調は睡眠の不安定さや食欲の低下、あるいは過食などにつながります。精神科では「日常生活に支障が出ていないかどうか」が大切なポイントですから、日常生活の基本のキである睡眠と食事は特に重要視されるのです。

睡眠の不調は様々な形で出ます。通常の状態では、疲れていたら純粋によく眠れるはずです。しかし「いっぱいいっぱい」になるとこうはうまくいきません。疲れているはずなのに、なんだか色々考えて寝つけない。寝ついたとしても変な時間に起きてしまう。なんだか眠りが浅くてしっかり寝た感じがしない。

こういった現象が起きはじめたら、「いっぱいいっぱい」、しかもかなりシビアな状況になっていると考えていいと思います。

また食欲が不安定になることもあります。普通に食べているつもりなのに、気がついたら痩せてきている。あまりおなかが空くと感じなくなってきた。なんとなく吐き気がして食べられない。こんな感じに「食べられない」症状がでてくることもありますが、逆もあります。

妙におなかが空いてついつい過食するようになった。食べることに逃げるようになった。体重が急激に増えてきた。お酒を飲む人なら、飲酒量が増えてくるのも「いっぱいいっぱい」になると見られることです。

いっぱいいっぱいの
ときこそ、
こまめに休憩をとるのよ。

Tomy's
Advice

◎やるべきことを減らせないときは？

「いっぱいいっぱい」になったときの対応は、もちろん仕事や勉強などの作業量を減らして余裕をつくることです。しかし、それができればいいのですが、簡単にはできないこともあるでしょう。締め切り間近だったり、テスト期間中だったり、そんなに簡単にやることを減らせない時期もあるでしょう。ではそんなときは一体どうすればよいのでしょうか。

一番簡単な方法は、こまめに休憩をとる方法です。一時間にほんの数分でもいいので、休憩をとる。その休憩のコツですが「情報を遮断する」ことを意識してみてください。

脳はたくさんの作業を行っていますが、その方法は脳に入ってくる情報の処理です。これが多くなりすぎることで「いっぱいいっぱい」の弊害が起きてくるわけです。そんなときは、脳に入ってくる情報を遮断すればいいのです。

なぜこまめにとるかというと、脳は作業の量の多さより、作業量の密度の高さで疲弊します。またパソコンの例を出して恐縮ですが、たとえば動画の処理、インターネットサーフィン、音楽再生など複数の仕事を同時にさせるとフリーズしやすくなります。でも、一つずつの作業を別々に行えば、同じ作業量をさせてもフリーズはしにくくなります。

これと同じことが脳にも言えます。たくさんの処理を同時にさせないことが大事です。三時間集中して一時間休憩するよりも、30分集中して1〜2分でも頭を休ませたほうがよっぽどいいわけです。

具体的な方法としては、たとえば**「目を閉じる」**。視覚からは数多くの情報が入ってきます。ただ見ているだけでも、脳は疲労するのです。たとえば断捨離やミニマリズムが流行りはじめてもう久しいですが、実はこの効能はモノを減らして無駄なコストや肩の荷を下ろすということだけではありません。視覚的にも無駄なもののない部屋というのは情報が少なく、脳への負担が少ないというメリットもあるのです。

この情報を遮断するという一番手っ取り早い方法は目を閉じることです。なぜ瞼《まぶた》があるのか、なぜ寝るときは目を閉じるのか。アテクシはその専門ではないのでエビデンスはここでは提示しませんが、脳への情報量をカットして脳を休ませる意味もあるはずです。というわけで、ちょっとしたタイミングで、こまめに1分でも2分でもいいから目を閉じる。意外とこれが効果があります。他にも音という情報を遮断するのもアリです。作業する場所を図書館にする。業務に支障がなければ耳栓をする、という方法をとってみてもいいと思います。

1時間に10分、
休憩をとりましょ。

Tomy's
Advice

◎締め切り間際に必要なこと

今まで書いてきたような方法を駆使しても、どうしても追い込まれるときはあります。たとえば受験前夜や、締め切り直前、緊急事態の仕事が発生したときなどです。

こういうときは1秒でも惜しんで物事に取り組みがちですが、実はそれは間違っています。人間はどんなにピンチでも、何時間も集中し続けることはできないからです。

ロボットではないので、駆動時間めいっぱいの作業は無理です。どんなに頑張ろうとしても無理です。それを時間がないからといってやっても、実際には途中で動けなくなっています。

それぐらいなら、むしろ積極的に休みを入れたほうが良いのです。人間の集中できる時間は頑張っても30分から1時間ぐらいなので、50分やって10分休むというようにしたほうがいいでしょう。

たとえば小学生のときの授業を思い出してください。たいてい40分~50分授業があったら、10分の休憩時間があったと思います。あんな感じです。

そしてその間は体を動かすのもおすすめです。激しい運動などは必要ありません。散歩してぶらっと回るとか、軽く体操するとかそんなレベルでいいのです。体を動かすことで、頭を休め気分転換を行うことができます。

アテクシが試験前によくやっていた方法は、50分に一回休みを入れて、「近くのコンビニまで行ってコーヒーを買う」などの変化をつけることでした。その**小さな「ご褒美」**によって、むしろ作業効率は上がるのです。

ですから忙しいときほど、強制的に小休憩を入れてください。これはむしろ必要なことなのです。

◎精神的余白をつくるポイント

「ほどほど力」において大切なことは、「余白」です。余白を設けることで、ゆったりと落ち着いて日々が過ごせます。この余白は精神的に余白をつくる方法と、物理的（時間的）に余白をつくる方法があります。

まず、精神的余白をつくるポイントについて考えていきましょう。精神的な余白というのは、常に気持ちをいっぱいいっぱいにさせないということです。それは常に頭に置いておくこと、気になることを減らすという作業になります。

具体的には、物事をマルチタスクに進めないのが良いでしょう。たとえば、今A、B、Cという仕事があるとしたら、それを同時に進めないほうが良いでしょう。優先順位をつくり、Aが終わったらB、Bが終わったらCというように物事を順番につないで進めていきます。この方法だと常に頭の中に置いておくべきことはたった一つになります。

しかし、それでも対処できないぐらい多くの物事を抱えてしまうこともあるかもしれません。この場合はどうしたら良いでしょうか？

この場合はスケジューリングをしっかり行います。頭がいっぱいいっぱいになりやすい人はこのスケジューリングがうまくできていないことが多いのです。たとえば、ある仕事をしていて、上司から突然違う仕事も振られたとする。そうすると、二つの仕事を同時に始めてあたふたする。

そうではなく、やるべきことが発生したときに、「いつまでに終わらせるべき仕事か」「優先順の高い仕事か」をしっかり考えて一日のうちに進めるべき量を決める。それをスケジュールに書く。その内容はなるべく具体的で細かいほうがいいでしょう。

そうすると、**「今日はこれさえ終われば大丈夫」という目安**がはっきりします。それにより常に頭の中に考えておくことが少なくてすむというわけです。個人的な意見ではありますが、「仕事ができる人」というのは、めちゃくちゃ処理能力が高いというよりは、仕事の下ごしらえをしっかりしている人だと思います。

このスケジューリングにはコツがあり、一日にやる量を詰め込みすぎないことが大切です。その代わり準備の日数を長くして対応してください。スケジュールをこなす中で、何かが起きて予定通り進まなかったり、新しい仕事が増えたりすることはよくあります。一日にやるべき量を多く見積もりすぎると、取り返しがつかなくなってしまいます。「頑張れば一日これぐらいはできる」ではなく、「時間が余りすぎるかもしれないな」ぐらいで組んでください。

あとはなるべく外部の記録をうまく使うというのも大切な方法です。常に「あれとこれとそれをやらなきゃ」と頭の中に置いておくのは、疲れますし、忘れることもあります。先ほどのスケジューリングにも出てきましたが、手帳やスマホなどを活用して「書き込んだら忘れても良い」という状態を積極的につくっていくことも大切です。

何もしないで
ゴロゴロする時間こそ、
本当の余白なのよ。

Tomy's
Advice

ゆとりを生み出す
アナタだけの
ルーティンをつくりましょ。

Tomy's Advice

◎余白づくりを助けるルーティンを

気持ちに余裕をつくってくれるものは、他にもあります。たとえばアテクシは朝食を喫茶店のモーニングにしています。いつも行く喫茶店でコーヒーとトーストをいただきながら、窓の外を見る。ほんの十分程度ですが、この習慣がアテクシにゆとりを与えてくれます。

本来アテクシにとって喫茶店は、休みの日に楽しむものでした。それを仕事の前に取り入れることによって、なんとも贅沢な気分にさせてくれるのです。たいていはコーヒーですが、ときにはちょっとクリームやチョコレートソースがたっぷりのったデザートドリンクにすることもあります。

また仕事のあとはジムに行きます。軽くトレーニングして、お風呂も済ませる。サウナもあります。平日をただ職場と自宅の往復だけにしないで、ちょっとゆとりを持たせる。これが案外有効なのです。

この余白をつくってくれるルーティンというのは、人によって違うと思います。自分の環境の中で自分なりのルーティンをつくる。この意識がとても大切です。

では、このルーティンをつくるコツについてお話ししていきましょう。

①いつものルーティンを見直す

まず、自分の日常を見直し、既に出来上がっているルーティンについて見ていきましょう。朝起きたら何をするか。朝食はとるのかとらないのか。どんな朝食をとっているのか。通勤はどうしているか。電車なら何時の電車に乗っているか。会社には始業何分前に着いているか……。こんな感じに朝から寝るときまで洗い出してみます。

②ルーティンの中で変化させられるものを探す

次に行うのは、このルーティンの中から「変化させられる部分」を見つけ出すことです。あまりあれこれ変えるより、「ここを変えてみよう」と思える場所を見つけることが大切です。たとえば、午後から疲れやすいのであれば、昼休みの過ごし方を変えてみる。ランチのパターンを変える。お昼寝できそうな職場であれば10分仮眠をとる。外に出て軽く体操する、などなんでもいいのです。

③ルーティンを変えてみる

いいアイデアを思いついたら、ぜひそれを行ってみてください。しばらくやってみてイマイチならまた変えてみればいい。大切なことは変化をさせ、それにより自分の気分がどう変わるかをつぶさに観察する姿勢です。たとえば、アテクシは最近余白をつくるルーティンとして、動画を見ながらヨガをしています。そのとき先生が必ずこう言います。「自分の気持ちのいいと感じることをしてください。無理はしないでください」。それと同じで、アナタの行うルーティンは、あくまでアナタが心地よくなるためのものです。それを忘れずに試行錯誤を繰り返してみてください。

④ルーティンを「やらなければいけない」にしない

前項の内容と関連しますが、ルーティンのためにアナタが苦しくなってはいけません。たとえばアテクシは寝る前に軽くヨガをしますが、「ヨガをしなければならない」わけではありません。あくまで自分が心地よく、眠りの態勢をつくるためのルーティンなのです。

真面目な人は、いつしか自分のルーティンにこだわりすぎてかえって自分を追い込んでしまう人も見られます。それでは本末転倒なのです。ルーティンを義務にしないように意識してください。

◎「ほどほど」は手抜きじゃない

「ほどほど」というと、今までいっぱいいっぱいで頑張ってきた人には、手抜きやラクをしているように感じ、罪悪感を覚える人もいるでしょう。しかし、「ほどほど」というのは、実はせいいっぱい生きるために必要なことなのです。

つまり、本当にいっぱいいっぱいで頑張ると、どこかで頑張れなくなるときがきます。人間の限界を超えてしまうからです。

もしそうなってしまったら、目の前に本当にやりたいことがあるのにできない。大変悔しい事態に陥ってしまいます。そして、あれこれ振り返ってみて、「ああ、あんな細かいところはほどほどで良かったよなあ」なんて思うこともあるでしょう。

つまり「ほどほど力」というのは、自分のエネルギーを適切なところに配分する力なのです。そう思えば、罪悪感を抱く必要などないということがよくわかるのではないでしょうか?

◎燃え尽き症候群の対処法

「いっぱいいっぱい」で生きている人が、限界を超えたり、一旦の区切りを終えたりすると、やる気がなくなって何もできなくなりがちです。いわゆる「燃え尽き症候群」です(ちなみに「燃え尽き症候群」という名称は一般名であって、医学的な病名ではありません)。

燃え尽き症候群になりやすい人は、真面目に生きてきた人なので、動けない自分に落ち込み、慌ててなんとか気力を回復させようとします。しかし、これがかえって逆効果になります。「やる気」は消耗品です。使えば枯渇するのです。「燃え尽き症候群」のときは完全に枯渇しているわけですから、無理にやる気を出そうとすれば、すぐにまた枯渇します。

なのでこうなったら余計なことは何もしない。アナタのやる気が充足するまで、思う存分適当にやるしかありません。幸いなことに、燃え尽き症候群の状態が延々と続くことはありません。アナタの身のまわりで、「この人は燃え尽き症候群だな」と思えるような人もいるでしょう。でもその人が何年も燃え尽きたままということはあまりないのではないでしょうか?

しばらく転がっていれば、だんだん意欲が湧いてきます。ただすぐ動かないこと。待って待って、何か次の目標が頭に湧いて、それでもさらに待って、「もう今すぐにでもやりたい」となってもちょっと待って、そこからゆっくり取りかかるぐらいのイメージです。

第3章

「ほどよい距離感」を大事にする

相手への期待が
人間関係の
「ほどほど」を壊すの。

Tomy's
Advice

頼まれごとは、すぐには引き受けない。

Tomy's Advice

◎自分を後回しにしてしまう人へ

本当は自分のやるべきことがいっぱいあるのに、誰に何か頼まれるとついついやってしまう。いつまでたっても自分のやることが終わらない。こういう人も「ほどほど力」を身につけてもらうことが大変重要です。

なぜなら、こんな人は「頼りになる人」という評判ができてしまっています。だからこそ、さらにいろんな人から頼まれやすくなる。どんどん自分のことは後回しで、気がつけばフラフラです。純粋に「いい人」なのですが、いい人ゆえに生きづらくなってしまうのは本末転倒というものです。

こういう人がなぜ自分を後回しにしてしまうのか。それは、周りへの反応性が高いからかもしれません。マイペースな人は、何か言われても自分のことだけで頭がいっぱいです。他人からの情報が入っても、その情報を最優先することはありません。しかし、自分を後回しにしがちな人は、新しく入ってきた情報を優先しがちです。

何か自分のことをやっていて、そこから誰かに相談を受けると、その新しい情報に反応して動いてしまうのです。こういう人に必要なのは、「**時間を稼い**

で優先順位をつける」ことです。

つまり目先の新しい情報にすぐ対応しないということです。具体的には、全部その場で返事せず、ペンディング、一旦お預かりにします。何か頼まれても即答せず、「ちょっと確認してから返事するね」と預かるのです。そしてどこかにメモしておいて、そもそも手伝うか、手伝うのならどこまで手伝うのか、優先順位はどうするかを決めます。方針が決まってから相手に伝えます。

これを徹底すれば、「やってあげたいけど、今は先にこれを仕上げなきゃダメだから無理だな」などと冷静に考えることができます。また、相手にしてもすぐやってもらえるわけじゃないので、安易に「お願い」する人は減ってくるでしょう。こういう人が求めているのは「すぐ何とかしてくれそうな誰か」にすぎないのですから。もし他にすぐやってくれそうな人がいたら、きっとそちらにお願いすることでしょう。

自分を後回しにしやすい人は、目の前に困っている人がいたら、優しさが先行してしまい、ほどほどに動けなくなるのです。優しくしたいという気持ちも感情の一つですから、一旦答えをお預かりして、その感情が落ち着いてからでも遅くはないと思います。優しいということは良いことですが、それもほどほどが大切なのです。

完璧主義を
人間関係にも求めないこと。
放置していい
問題だってあるわ。

Tomy's
Advice

◎人間関係に必要なスルースキル

人間関係は、一番「ほどほど力」が助けになる部分です。人間は意識しなくても、多くの人間と関わっていくようになります。どこかに行けば、何らかの人間関係が生じます。家族はもちろん、職場、近所、趣味のサークル、行きつけの銭湯、ジム、スーパーマーケット。

そして環境が変われば、人間関係も変わっていきます。もし今の人間関係が落ち着いていて、変わってほしくないと思っても残念ながら移ろっていかざるを得ないのです。

その中で当然、うまくいかない人間関係も出てきます。人間関係がうまくいかないと、「ほどほど」で考えることが苦手な人は大きなストレスを感じるようになります。たとえば、誰かが自分にだけ強く当たるということもあるでしょう。何もしていないのに、悪口を言いふらされることもあるかもしれません。

そういうとき「ほどほど力」のない人は自分のせいじゃないか、自分はどう振る舞ったらよいのだろうと真面目に考えることになります。しかし、よく考えてみてください。生きているだけでいろんな人間と関わっていくわけですから、当然いつかは問題のある人間、ウマの合わない人間とも関わりが出てきます。

この場合、自分の問題ではないわけです。誰とでもうまくやれない人はいるわけですから。しかし、「ほどほど力」のない人は、目の前の人間関係をなんとかしたいと考えるわけです。その結果、あれこれやっても解決しないと泥沼にはまってしまうことになります。

しかし、うまくいかない人間関係があったとしても、それは悩まなければいけないのでしょうか？ 不運にも、アナタの目の前にふらっと嫌な人間が現れたとしても、またふらっといなくなる可能性はあります。そもそも、そんな相手との人間関係は大切なものでしょうか？ 本当にアナタにとって大切な人との関係が落ち着いているのであれば、いちいちそんなことで悩まなくてもいいのではないでしょうか？

言ってしまえば、**改善する必要さえない人間関係なんていくらでもある**のです。どうしても重要な人間関係だけ悩む。それが人間関係における「ほどほど力」なのです。アナタがいろんな人間関係で悩んでいるとしたら「悩まなくても、解決しなくても実は大して影響がないのではないか」と一旦考えてみてください。

たとえば、「先輩が自分にだけ口調がきつい」としましょう。でも、別に仕事が回らないほどじゃない。職場にいるときだけの関係です。一旦悩むのをやめて「この人はこういうもんだ」と割り切ってみたらどうでしょう。何か問題がありますか？

こんな感じでアナタが悩んでいる人間関係を突き詰めてみてください。「本当に悩む必要がありますか」と。そして、それほどでもなさそうなら、何も考えず、解決しようともせず、置いてみてください。人間関係のほどほど力を身につけるには、それが一番です。

完璧にしたいことは、
少しだけでいいの。

Tomy's
Advice

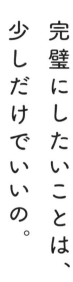

◎全ての物事からも完璧主義を手放す

人間関係の完璧主義についてお話ししましたが、もちろん全ての物事にも完璧主義は手放したほうがいいと思います。コツは人間関係に対する完璧主義とあまり変わりません。

アナタが完璧にする必要があるものを厳選する。それだけのことです。ほとんどの物事は、完璧にする必要はないものです。それこそほどほどでいいのです。逆に完璧にしたいものを選ぶ。これは少なければ少ないほどいい。

完璧主義で悩んでいるアナタなら、一つにしてください。

常に一つ、完璧主義でいてもいい。これぐらいの気持ちがちょうどいいのです。たとえば仕事も家事も育児も完璧主義な方。その場合は一つだけ完璧にしたいものを選んでください。もちろん時期によって変化してもいいのです。

もしアナタが仕事を完璧にしたいのなら、育児と家事は完璧にしない。そう言うと、育児も家事も大切だとおっしゃるかもしれません。でも、大切にすることと完璧主義にすることとは違います。大切にしているからこそ、ほどほどにすることもある。だから大丈夫なんです。

全ての資本はアナタ自身なのですから、アナタを守るために完璧にしたいものを一つにする。ただそれだけのことですから。

世間体って、
実はアナタ自身の
考え方だったりするの。

Tomy's
Advice

◎世間体から距離をとるには？

「世間体」、よく使われる言葉ですが、これほどナンセンスな言葉もありません。一体「世間体」とは誰のことなのでしょうか？　「誰か」に振り回されているのなら対策のしようもありますが、「世間体」では対策のしようもありません。

ですので、世間体とは何かを考えてみる必要があります。ここで世間体について考えてみますと、ふと気がつくことがあります。母親の言う世間体、祖父の言う世間体、パートナーの言う世間体、自分の考える世間体。みんな違うのではないでしょうか？　近所の目が世間体だと言う人もいれば、友人や親戚が世間体と言う人もいる。今時であればＳＮＳ上の評判が世間体だと言う人もいるかもしれません。

そうなのです。「世間体」とは人によって定義が違う。そうすると、世間体というのは実は自分の考えなのです。世間体に振り回される人というのは、自分自身に振り回されている。

自分が他人から見たらどう見えるかを考え、恥ずかしくないように振る舞おうとする。つまりこれは他人軸で生きている。これが「世間体」の正体です。

ではどうすればいいのでしょうか？　本来は「ほどほど」ではなく、世間体など一切気にせず生きていくほうが幸せです。それは他人軸で生きてきた人生を、自分軸に切り替えることを意味します。

これは今までの生き方を変えることにつながるので、容易ではないように見えるでしょう。実際すぐには切り替えられません。そうすると「世間体を気にするのをほどほどにする」のがいいように見えるでしょう。

しかし、実はこれも案外難しいのです。たとえば近所の目が気になるから、近所の目だけを気にすることにしてみましょう。近所付き合いを意識し、近所に何か言われたらすぐ対応する。友達や親戚、SNSの評判は気にしない。これを目指せばいいのです。しかしそんなことできるでしょうか？

「私は世間体を気にするのが辛いから近所の目だけ気にすることにする」と思えば気にならなくなるのでしょうか？　いえ、そうはなりませんよね。他人の目を気にして生きることを変えない限り、心は休まらず、いろんなことが気になるはずです。

なぜそんなことが起きるのかというと、他人軸で生きることと、自分軸で生きることは両立しないからです。「ここだけ他人軸で」なんて器用なことはできません。それができれば自分軸で生きられます。

ですから、**世間体に関してはほどほどではなく、一切気にしない状態を目指して**ください。つまり、自分軸で生きることを目指しましょう。ただ、自分軸に切り替えると必ず文句を言う人はいます。「人付き合い悪くなったね」「自分勝手なんじゃない?」などといった意見です。しかしこういった意見は、アナタが自分軸になると都合の悪い人が言っているだけです。相手にしてはいけません。直に何も言わなくなります。

自分軸を大事にしたいなら、
まずは自分だけに
集中すればいいの。

Tomy's
Advice

◎他人軸と自分軸

ではどうすれば自分軸で生きられるのでしょうか。その方法について考えてみましょう。まず、自分軸、他人軸という言葉ですが、医学的な言葉ではありません。ただ、ストレスなく生きる方法を説明するときに便利な言葉なので使っていきたいと思います。

他人軸というのは、「他人からどう見えるか、どう評価されるか」を意識して生きていくやり方です。たとえば、昇進を目指して働く。受賞するために絵を描く。世間体を気にするのもここに入ります。

一方で自分軸は、「自分がやりたいからやる」という考え方で生きるやり方です。「この仕事がやりたいからやる」「絵を描きたいから描く」という方法です。

他人軸がなぜ辛くなるかというと、自分の気分が他人次第で決まってしまうということです。仕事が成功しても必ずしも評価されるわけではありません。会社の事情もあるでしょうし、自分が考えている評価基準と会社の評価基準が異なることもあります。そもそも、評価するシステムがないかもしれません。

一番問題なのは、「ちゃんと評価してくれるだろうか」と思いながら生きなければいけなくなってしまうことです。もし、評価されたとしても、嬉しいのはその一瞬で、また評価を窺《うかが》う日々が始まってしまうのです。他人軸で生きる場合は、これがあらゆる場面で出てくるのです。自分の機嫌は他人次第なのですから、コントロールできないのです。世間体を気にする人は、ずっと気にしながら生きなければいけません。

この場合はもっと厄介で、「世間体から褒められる」などということは滅多にありませんから、「世間体が恥ずかしくない」、つまりネガティブなことを言われ続けないことが目標になってしまいます。これでは人生を楽しく生きられるはずがないのです。

ではどうしたら自分軸になれるのでしょうか。それは他人からの評価が気になりはじめたら、世間体の場合は世間体が気になりはじめたら、**自分のことに集中する**ようにしてください。自分自身のことに集中できていないと、こういったものが気になりはじめるのです。

アテクシ流の表現で言うと「頭がお暇になっている」状態です。自分が今やっていること、やりたいことに集中すれば、自然と他人からの評価というのは優先順位があとになります。これが大事です。

たとえば自分が育児や家事でいっぱいいっぱいなら、世間体など考えずそれに集中すればいいのです。他人からの評価も世間の評価もどうでもよくて、自分のやりたいことをやっていれば、自然と結果が出てくるのです。しかし、先に意識してしまうとストレスも増え、結果もなかなか出せなくなるのです。

嫌なことをしてくる人に
わざわざご褒美を
あげなくていいわ。

Tomy's
Advice

◎相手にメンタルを支配されない方法

いろんな人と関わってくると、どうしても厄介な人、ストレスを与えてくる人と遭遇してしまいますよね。そういった人ほど頭の中から離れず、ずっと考えてしまうのです。恋をするとその人のことばかり考えてしまうといいますが、そういった意味では厄介な人も恋に落ちた相手ぐらいの影響力があるともいえます。

なぜ、厄介な人は頭から離れないのでしょうか。それには二つの理由があります。一つは厄介な人はリスクです。何を言うかわからないし、どんなトラブルを持ってくるかわかりません。そのためどうしても意識が向いてしまうのです。

もう一つは厄介な人の中には、相手の心を支配しようとする言動を行う人がいます。それゆえに厄介だともいえます。たとえば嫌がらせやマウンティング、攻撃的な言動、振り回し行為などです。なぜそういったことをするのかというと、厄介な人はたいてい問題を抱えています。自分自身に自信が持てなかったり、不安を感じていたり、アナタを脅威に感じていることもあります。そういったことへの対応として厄介な言動を行うのです。

「ほどほど力」がない人は、こんな相手への対応が苦手です。なぜなら真面目だからです。ほどほどに相手にするということができず、目の前の人のことに全力で対応してしまう。場合によっては目の前からいなくなっても、ずっとモヤモヤ考えてしまいます。

ではこんなときにどうしたらいいのでしょう。いくつかの対応方法があります。一つは「ラベリング」です。ラベリングとは、「こういう人なのだ」とラベルを貼って考えること。客観化してとらえることができ、さらに相手に過剰な期待をしないで済みます。先述したように、厄介な人というのは、実はその人自身に問題があります。ですから、相手がアナタでなくても同じような言動をするのです。たまたま、そこにいたアナタが嫌な思いをしただけなのです。ですから、厄介な人を「もともとこういう人なのだ」とラベリングすることは、その場しのぎの考え方ではなく、本質的に正しい捉え方ともいえます。

ただラベリングという行為は、ある意味相手にレッテルを貼るわけですから、偏見や誤解の元になるリスクもあります。ですからちゃんと向き合いたい相手には不適切な方法ですが、厄介な人には効果的です。

また、相手に「ご褒美を与えない」というのも一つの方法です。まるで躾《しつけ》のようですが、まさに躾です。どんな躾でも、基本はこのような構成になっています。

- 良いことをしたら良いことが起きる
- 良くないことをしたら、良いことは起きない、あるいは悪いことが起きる

厄介な相手には、この後半の部分を用います。こんな話をすると、疑問を感じる人がいるかもしれません。「厄介な人のご褒美とは何なの？」という疑問です。

先ほど挙げた厄介な人の行動を思い出してください。嫌がらせやマウンティング、攻撃的な言動。これらの目的、つまりご褒美は何なのでしょうか。それは言った相手がストレスに感じること。動揺したり、凹む姿を見せたりすること、それがご褒美なのです。

もし、厄介な人がこういった言動をしても、アナタが平然としていれば相手はだんだんその行為をやめていきます。面白くないからです。それどころか、だんだんとアナタに関わらないようになると思います。それで万々歳です。

もちろん、相手が嫌な言動をしてくるわけですから、平然とするのも簡単ではないかもしれません。でも「ラベリング」をして「この人はもともとこういう人だし、誰にでもこういうことしているよね」と思えば相手にするのが少しはばかばかしく感じるようになると思います。それでは具体的なスルースキルについて考えていきましょう。

こういった対策は、相手の言動の質により対応方法を変えることが大切です。大きく相手の言動を二つに分けてください。

Aこのまま聞き流しても支障をきたさないもの

たとえば、マウンティングや嫌味などです。気にするとイライラはしますが、聞き流しても直接の問題はきたしません。

B放置できない直接的な悪影響のあるもの

たとえば、セクハラ、パワハラ、いじめなど聞き流していては対処できない問題を含むものです。

Aの対策は、「暖簾《のれん》に腕押し戦法」でいきましょう。アナタは暖簾になりきってください。何を言われても気づかないふりをして、笑顔で聞き流す。マウンティングや嫌味だなあと気がついて、「あー、そうなんですねー」と笑顔で適当に切り返す。話は広げず、適当に相槌を打つ。「はい、そうですね」「はい、そうですね」アナタがモヤモヤしたり、顔がひきつったり、何らかの反応をすることを期待しているわけですから、そのご褒美を与えないようにしてください。

Bの場合は、しっかり、ややオーバーなぐらいに対応してください。毅然と記録をとってたとえば会社であれば上司や人事に相談する。近所の問題であっても、違法な行動があればしっかり警察に相談する。

このAとBのラインをしっかり心の中に持っておくことが、とても大切です。大した問題でなければ暖簾になり切り、一線を越えたら容赦なく対応する。このメリハリをつけることが必要です。それを意識するだけでも少し強くなったと思えるでしょう。

「なぜ」を
繰り返していくことで、
セルフカウンセリング
できるわ。

Tomy's
Advice

◎自分のエラーパターンを知る

今までの話の中で、気がついた方もいるとは思いますが「ほどほど力」というのは、結局のところ「自分を知る」ということでもあります。自分の限界を知る。自分の好き嫌いを知る。自分の気持ちを知る。その上で環境を調整するのが「ほどほど力」です。

そして、その「自分」には自分のエラーパターンというものもあります。それは言い方を換えると、自分の考え（認知）や行動の歪みともいえます。

どんな人間でも、物事の考え方や行動パターンには癖のようなものがあります。これは本来の性格傾向や環境、本人の学習によってだんだん強化されていく傾向があります。それが著しくなると、歪みになります。しかし、自分の考え方や行動パターンというのは、なかなか客観的に見る機会がないので、意外と知らないうちに歪んでいくものなのです。

たとえば、ＬＩＮＥのやりとりで、相手の既読で終わったり、文章が短かったりすると「嫌われているのかな」と考える人がいます。実際のところＬＩＮＥのパターンというのはいろいろあって、忙しいだけかもしれません。

もともとＬＩＮＥで長文を打つのが嫌いなのかもしれません。あるいは特に理由もなく、他人から見たら「普通じゃない？」と思うようなものかもしれません。

しかし、一度「嫌われているかもしれない」と思うと、いろんな些細な情報から「きっと嫌われているに違いない」というものを集めてきてしまいます。そういえば実際に会っても自分のときだけそっけない気がする、昔自分だけ誘ってもらえないことがあった、など。

本当のところ、それが嫌われている理由にはなりません。しかし、こうなるともう自分ではそう思えなくなるのです。これが認知の歪みです。

さらに認知の歪みは、行動の歪みを生み出します。「きっと嫌われているに違いない」と確信し、嫌われないためにはどうしたらいいのだろうというアクションを起こす人もいるでしょう。しかし、認知の歪みに基づいた行動は適切なものになるはずもありません。

たとえば、相手から返信が来ていないのに、立て続けにメッセージを送信してしまう。あるいは、もっとエスカレートして「何か気になってることとかない？」などと聞いてしまう。

相手にしてみたら、こんなＬＩＮＥを見せられたら「別に何もしていないのに、なぜこの人はＬＩＮＥを何度も送ってくるのだろう？」とちょっと不審に思ってしまうかもしれません。元々嫌われているわけではなかったのに、「嫌われているかもしれない」という誤った認知により、誤った行動をし、かえって自分の望まない結果に結びついているわけです。そして「やっぱり嫌われていたんだ」と自分の認知の歪みを強化してしまうこともあり得ます。

この場合、「嫌われているかもしれない」という最初の認知の歪みが全てにつながってきています。カウンセリングの主流の治療に用いられる「認知行動療法」は、カウンセリングの中で認知の歪みを自覚してもらい、行動を修正していくという手法をとります。

本来の認知行動療法は、トレーニングされたプロにより行われるプログラムですが、「認知の歪みを知り、行動につなげる」というプロセスは日常の中でも取り入れることが可能です。それが「自分のエラーパターン」を知るということなのです。

具体的には、アナタが困っていることを書き出します。そして、その困っていることがどんな考え、行動から起きているかを考えます。書くことにより、カウンセラーから得られるフィードバックを自分自身で見つけることが可能になるのです。

まず、最初にアナタが困っていることを書き出してみましょう。これが「テーマ」になります。このテーマはなるべく端的に簡潔に書くことをおすすめします。先ほどの例でいくと、

・私はAさんに嫌われているかもしれない

となるでしょう（わかりやすくするために、相手をAさんとしておきます）。そのあとにWhy？　なぜそう思うのかを考えて書いてみてください。するとこうなるでしょう。

・AさんからのLINEがそっけないし、遅いから

となります。

この理由に関しては思いつく限り、なるべく多く書き出してみてください。このWhyを考えることがとても重要です。この中でいろんな発見ができるからです。たとえば今回の例では、「LINEがそっけないし、遅いから」以外の理由が見つかりませんでした。逆に言えば「LINEだけが理由で嫌われていると思っていたんだ」という気づきにもつながるというわけです。場合によっては理由なんて思いつかないこともあると思います。そんなときは理由なんてないということです。

ここで出てきた理由をさらに「なぜ」で考えてみてください。なぜLINEがそっけないし、遅いと思うのか。すると「文字数が少ない」「LINEの返信まで3日かかった」などとなります。そうしたら、さらに「なぜ」で考えます。するとここでさらに気づくかもしれません。「もともとAさん、文字数少ないな」「そういえば忙しそうだったよな」などです。

どんな物事も「なぜ」をどんどん繰り返せば、答えなどなくなるか、なんらかの原因にたどり着きます。よく小さなお子さんが「なぜ」「なぜ」と繰り返し聞いてきますよね。まともに答えていくと、そのうち答えようもなくなっていきます。あれを応用しているのです。

この方法を「なぜなぜ因数分解」とでも呼ぶことにしましょう。この方法のメリットは、自分の思い込みや癖を洗い出してくれることです。エラーパターンにはまっている人は、自分の感情や思考パターンに囚《とら》われています。大した理由もなく自分の考えを抱いているのです。「なぜ」「なぜ」と徹底的に考えれば、他の考え方や可能性について気がつくことができるのです。

頑張りすぎる人ほど
ヘルプを求める
練習が必要だわ。

Tomy's
Advice

◎自分の状況を伝えるところから

ほどほど力がない人がよくやりがちなのが、「全部自分で抱え込んでしまってどうにもならなくなる」ことです。仕事においては「報・連・相」、すなわち報告、連絡、相談がとても大切だと言われています。全部自分で抱え込もうとする人は、真面目で責任感が強いはずなのに、この仕事においてもっとも大切なはずの「報・連・相」がかえってできていなかったりするのです。

なぜこうなってしまうのかというと、自分の仕事のことで誰かに手間をかけさせることを反射的に「申し訳ない」と思ってしまうからでしょう。しかし本来仕事というのはチームで行うものです。アナタの仕事だとしても、それは役割分担というだけであってアナタだけで進めるものではないのです。

こういう人の場合、事態が大きくなれば大きくなるほど「申し訳ない」と思う傾向が強いです。なので、大きくなる前に、こまめに状況を開示するのがいいでしょう。助けを求めるまでいかなくても「今こんな感じですよ」「問題ではないけどちょっとこれが気になってますよ」ということを日常的に、**雑談の延長線のようなつもりで言う**。そうするとヘルプを求める練習にもなりますし、何か困った事態になっても、周りはある程度把握してますから相談しやすくなります。場合によっては、自分では気がつかなくても周りからサポートをもらえることもあるかもしれません。

事態が大きくなればなるほどヘルプは言いづらい状況になります。日頃から、今の状況を口にする習慣をつけておくのが一番の解決策なのです。また「人に頼る」ことが難しい人もいるかもしれません。そういう場合は、「仕事を分担してもらう」「頼るではなく、任せる」という発想が大切です。日頃から小さなことを、家族など気兼ねのいらない人に頼む練習をしてみてください。

第4章

ふつうにやって十分合格

きっとアナタは、
「頑張りやさんで
優秀な世界」の住民。

Tomy's
Advice

◎「ふつうに頑張る」ことも当たり前ではない

「ほどほど力」のない人は、自己評価が大変低い傾向があります。自分のことを過小に評価するため、「このままではいけない」と焦って何事もやりすぎてしまうのです。こういうタイプの方にとって見える世の中は「全員が頑張りやさんで優秀な世界」です。もちろん現実には何もしない人や、ぐうたらな人もいますが視界には入っていません。みんなが一生懸命で、結果としてそれぞれ優秀で、「それに比べて私は」と考えてしまいやすいです。

しかし、実際には「ほどほど力」のない人は一生懸命やっています。自分ではそう思えなくても、周りから見たら充分に「頑張りやさんで優秀な世界」の住民です。

とはいえ、ここまでアテクシが書いたところで、急にそんな風には思えないでしょう。ですからまず**アナタの「ふつう」**を目指してみませんか？　もしアナタがもう「ふつう」であるのならば、このままで良いのです。

ほどほどで済ませることのできない人は、実はアナタにとっての「ふつう」が既に優秀な部類であることを認識できていません。物事が「ふつう」に進捗できているということは、つまり順調ということです。
ここでこんな例を出してみましょう。アナタは飛行機に乗ったことはありませんか。離陸して、安定飛行に移り、しばらくするとこんなアナウンスが流れてきます。

「機長の○○です。ただいま当機は○○付近を順調に飛行中です」

これは飛行機が予定通り「ふつう」に航行していることを報告しているアナウンスです。しかし、何も問題がないのに、どうしてわざわざアナウンスするのでしょうか？　飛行機というのは、様々な要因が「ふつう」に滞りなく進行していないと「ふつう」には航行できません。機材整備、管制、機体の状態、CAのサービス、機長の操縦、天候。ですから、ふつうは当たり前ではない。それがちゃんとうまくいっていますよ、と乗客の皆様に伝えたいからこそのこのアナウンスなのではないでしょうか？
そう、アナタの考える「ふつう」もきっと同じです。当たり前に予定通りに進んでいる。これは大変に素晴らしいことなのです。ですからまず、「頑張る」ではなく「ふつう」を目指す。それだけでもきっとアナタの心は軽くなると思います。

やりたいことの「半分」だけ、やってみて。

Tomy's Advice

◎「頑張る」に慣れすぎてしまっているとき

では、もうちょっと具体的に「ふつう」を目指す方法を考えてみましょう。

今まで頑張るのが当たり前だと思っていた人は、頑張ることが「ふつう」です。変えてみようとしたところで、他人から見たら「それでも頑張りすぎ」と思われる可能性もあります。

そこでアテクシはこんな言い方をします。「アナタがやりたいと思ったことの半分ぐらいにしてください」と。「7～8割」にはしません。何でもやりすぎる人に「7～8割にしてください」といっても結局やり方が変わらないことがほとんどだからです。かといって「十分の一」だと「そりゃ無理だよ」と思われて参考にしてくれません。

「半分」が一番いいぐらいです。たとえばアナタが今日は「○○と××と△△と□□しよう」と思ったら、「○○と××」ぐらいにとどめておく。半分だけというのは実にわかりやすい目安なのです。半分で回るのかというご質問が飛んできそうですが、実はほとんど問題は起きません。

たとえばテーマパークで考えてみましょう。アナタがあるテーマパークに来て8個のアトラクションに乗りたいと考えました。今まで通り8個回ろうと思ったら、ずっと「どう回るか」「ちゃんと全部回れるか」だけ考えてへとへとです。せっかく遊びに来たのに気持ちに余裕もなく逆にイライラしてしまいます。

しかし「半分だけにしてください」と言われたらどうでしょう。今日回るのは4個です。その場合はきっとどうしても乗りたいものだけを4つ選ぶのではないでしょうか？　そうすると気持ちにも余裕ができ、のんびり散策したり、食事をゆったりとったりもできるのではないでしょうか。

そうなのです。目標が半分に絞られると、人は優先順位の高いものを選びます。優先順位をつけるということが大切なのです。頑張りすぎる人がなぜいっぱいいっぱいなのかというと、優先順位をつけないからです。知らず知らずのうちに「全部やるべき」などと考えてしまうのです。

それを「半分にしてください」と言われると優先順位をつけるという意識が出てきます。これが大切なのです。というわけで、今日からでもぜひ始めてください。「やりたいことの半分だけ」。

責任感の強い人ほど、簡単に仕事を増やさないで。

Tomy's Advice

ほどほどにできない人は「過剰な責任感」に苦しめられていることが多いです。本来そこまで求められていないのに、どんどんと自分の責任のハードルを上げてしまう。その理由は「責任感が強いのはいいことだ」と思っているからです。

しかし責任感が強い人は、あれもこれも自分の責任にしていきます。しかも世の中には責任感のない人もいますから、そうした人々が自分の仕事を責任感の強い人に押しつけていきます。そしてさらに自分の責任が増えていくのです。

こうして見ていくと、責任感の強い人の問題は、「自分の責任がどんどん増えていく」というその状況にあります。自分に課せられたことに対して責任を持ってやるということには何ら問題がありません。しかし、そういう人は評価が高まり、役職が上がったり仕事が増えたりします。ここが問題なのです。なおかつ責任感の強い人にとって、「評価が高くなっている」という事実は、誇りや心の報酬につながっていることも多いです。そうなるとどうなるでしょうか？

「責任感が強い→評価が上がる、仕事が増える→もっと責任感を持とうと思う」

こんなスパイラルができてしまうのです。こうなると、今更ほどほどに仕事をすることなぞできません。ほどほどに仕事をしてしまうと、自分の心の報酬も失われてしまうからです。しかし、このままではいずれ限界が来ます。場合によってはうつ病や休職、転職などということもあり得るでしょう。そこまでいかなくても、常に疲れ果て、仕事をしない無責任な人への不満を抱えながら生きていくことになってしまいます。

ではどうしたらいいのでしょうか。このスパイラルをどこかで断ち切ればよいのです。一番いいのは、**「安易に仕事を増やさないこと」**です。任された仕事は思う存分責任を持ってやるが、途中から頼まれた仕事は安易には引き受けないことです。

もちろん職場などではなかなか断ることは難しい場面もあるでしょう。たとえば直属の上司の指示。これは断れません。しかし、誰がやってもいいが、誰も名乗りを上げない。こんなとき、なんとなく周囲の視線がアナタに注がれてもやってはいけません。また同僚が自分の仕事をやってくれそうな人を探しているときも応じる必要はありません。上司からの依頼でも、指示ではなく「今やれそう?」など、ある程度選択肢を与えられる場合もあります。こういったときも引き受けてはいけません。

責任感が強く、限界までいってしまうような人は、こういう場面で名乗りを上げてしまうケースが多いのです。「自分にやってほしそうだから」「他の人がやらないから」「断りづらいから」で引き受けることを極力まで排除するだけでもだいぶ違うのです。

もしそれでも断りづらいようなら、次の作戦を実行してみてください。名づけて「**一旦お預かり作戦**」です。責任感の強い人は、新たな仕事を振られたときに即答する傾向があります。二つ返事で引き受けてしまうのです。

仕事を頼むほうからすると、これは大変にありがたい人です。人に仕事を頼むというのは、場合によっては難航するものです。それが、アナタに頼めばすぐに二つ返事で引き受けてもらえる。ものすごい労力が省略できます。さらに新たな仕事が発生したときも、まずアナタのところに持ち込もうとするでしょう。

ある意味、アナタの責任感の強さを都合よく使われてしまっているのです。こういうときに、まずアナタがしやすい対策としては「即答しない」ことです。断ることに抵抗があるのであれば即答しない。一旦答えを預かる。このひと手間が有効です。

具体的な例を挙げてみましょう。上司から電話がかかってきました。

「今新しい企画が必要になってね。企画書を新しく書くことはできるかい」

「はい、確認してからお返事しますね。他の仕事がだいぶ立て込んでいて」

「わかった、なるべく早く返事を頼むよ」

こんな感じです。いわば「時間稼ぎ」です。この形であれば一旦は引き受けていますのでＮｏと言ったわけではない。Ｎｏと言えないアナタに向いている方法だと思います。さらにこの言い方でも気になるようであれば、返事の期限をつけて回答してください。

「わかりました。今日中にお返事しますね」

といった感じです。引き受けるわけではないにせよ、責任感のある感じが出てきます。そして、時間差を設けてから返事をする。

この場合、少しでも負担に感じるなら、断ってもいいです。断りたくない場合でも、時間を置いてから返事をしてください。必ずこのお預かりする過程を挟むようにしてください。

そうすると相手からすれば、たとえ断らなかったとしても、以前のアナタより気軽に物事を頼める存在ではなくなっています。場合によっては「あ、それ○○くんに頼んでおきました」なんて言われることもあるでしょう。それでもいいのです。

人は学習をする生き物です。学習したつもりがなくてもです。今までのアナタは、どんな依頼でも即答で引き受けてくれると周りが学習してしまっています。だから次々頼まれるのです。そのパターンを崩せば周りは「ああ、この人はすぐに仕事は引き受けてくれないかもしれない」「この人は今忙しいんだな」という学習をしてくれるのです。

忙しくないと不安な人に
必要なのは
真のゴロゴロタイムよ。

Tomy's
Advice

アテクシなどは早く帰れたら「ラッキー」ぐらいにしか思わないのですが、「ほどほど力」が足りない人にとって「暇」に罪悪感を持ってしまうこともあると思います。暇どころか、多忙でないといけないとすら思う方もいるのでしょう。

◎「暇」が苦手な人へ

こういう方は空いた時間をうまく使えないという特徴があります。時間が空くとうまくゴロゴロできない。そのため何やかんややっていたほうが安心できるのです。ではなぜゴロゴロできないのでしょう。

ここにはアテクシが最近提唱している「頭がお暇問題」があります。この話については何度か述べているのですが、改めておさらいしましょう。人間がどうにもならないことを考え、クヨクヨと不安になっているとき、たいてい頭がお暇になっています。これは今の自分から意識が離れ、今やっていることは上の空になり、過去や将来のことをクヨクヨ考えてしまう状態です。

こうなったとき、「どうしたらクヨクヨしなくなるのか」と人は悩みがちです。いかに「クヨクヨ」を頭から取り除くかについて悩むことになります。しかし、こういうときは「クヨクヨ」に直接アプローチする方法ではうまくいきません。

ではどうしたらいいのか。「クヨクヨ」の内容ではなく**「クヨクヨ思い出す環境を作らない」**ことが大切なのです。つまり今の自分、今やっていることについて集中すればいいのです。

例を挙げてみましょう。

たとえば、学生時代の大きな失敗のことを考えてクヨクヨしている主婦の方がいるとします。どんなにクヨクヨしても過去のことは変えられない。意味がないとわかっていてもクヨクヨする。

そこで「過去の失敗」のことはまず置いておき、今自分のやっていることに集中します。この主婦の方は夕食の支度をしているところでした。夕食の支度中、ふと上の空になり、過去の失敗のことを思い出し、クヨクヨしていたわけです。これはいけないと、夕食の支度に集中すると、彼女はいつの間にか過去の失敗のことは忘れていました。

もちろん、これで永遠に忘れられるということはなく、また何かのときに頭がお暇になって、過去の失敗のことを思い出すと思います。でも、そのときはまた頭をお暇にしないようにして、今に集中する。これを繰り返していくうちにだんだんとラクになっていくはずです。

では、元の話に戻しましょう。なぜ、ゴロゴロするのが苦手な人がいるかというと、「今に集中しにくい」からです。何もやることがないのですから、どうしても頭がお暇になりやすい。

この場合はゴロゴロすることに集中することです。空いた時間を空いた時間のままに過ごすということです。ただこれは最初からできる人はいいのですが、なかなか苦手な人は苦手だと思います。

そこで代替案として、**「スケジュールを組んでゴロゴロする」**ことを意識してみてください。たとえばゴロゴロ時間にやることを決めてしまいます。たとえば読書。「今日の午後はこの本を読もう」などと決めてみてください。映画や音楽鑑賞、あるいはそれらを組み合わせてみてもよいでしょう。やることさえ決まっていれば、そこに意識を向け集中することができます。

もしそれらに疲れてきてしまったら、シャワーを浴びる、仮眠をとるなどを入れてもいいと思います。ゴロゴロ、ダラダラをスケジューリングすることで、頭がお暇になることを避けることができます。

それに慣れると、特に何もしていないけれど、嫌なことも考えない。そういう時間も出てくると思います。それこそが真のゴロゴロタイムなのです。もしこの最中に嫌なことを考えたら、また何かをスケジューリングしてそこに集中してみてください。この繰り返しでゴロゴロ上手になることができます。

作り上げた「スタイル」が
アナタを
邪魔することもあるわ。

Tomy's
Advice

◎「私が頑張らなければ」の根っこにあるものは？

ところで「ほどほど力」の弱い「私が頑張らなければ」の根底にあるのは何なのでしょうか。これはほとんどの場合は、本人の「スタイル」なのだと思います。人間はうまくいかないこと、ストレス、トラブル、様々な嫌なことに直面しなければなりません。そんなときに、あの手この手で嫌なことに立ち向かっていきます。そして、それなりにうまくいったやり方を知らず知らずのうちに学習していきます。「頑張る」もこうしたスタイルの一つなのだと思います。

何かうまくいかない。頑張って何とかする。何かストレスがある。頑張って我慢する。何かトラブルが起きた。頑張って向き合う。目の前に立ちふさがる何かがあればとりあえず頑張って立ち向かっていく。そういうスタイルを学習しているわけです。一旦出来上がった「スタイル」は自らの誇りになり、その方法を次も使おうとするようになります。こうしてだんだん自分のスタイルは頑固なものになっていきます。

しかし、世の中それだけではうまくいかないことも沢山あります。頑張るスタイルは自分が常に元気で、エネルギーが無限にあって、頑張れば何とかなるものばかりである。それが前提となっています。しかし、現実はそうではありません。自分の体力、気力に限界が来ているときもあります。そもそも最初から、頑張ってもどうにもならない問題もあります。今はうまくいっていても、いつかは破綻することが目に見えているスタイルなのです。とはいえ、「このスタイルが染みついて変えられない」なんてことはありません。人の学んだ生き方のスタイルは、自覚して理想を意識すれば、今からでも少しずつ変わります。すぐにとはいきませんが、玉ねぎの皮をはぐように少しずつ変わっていくのです。

ほどほどに頑張ることもできなくなったら？

Tomy's Advice

◎まずは予定を入れない

「ほどほどに頑張る」というのは、いわば「頑張りすぎないように、調整することも頑張ろう」という話でもあります。つまり、ほどほどにするにもエネルギーが必要なのです。

しかし、もしアナタがそんな気力もないほどに疲れてしまったらどうすれば良いのでしょうか。そこまで来た場合は、**「ひたすら何もしない」**のが正解です。「何もしない」が現実的に無理だったとしても、極力余計なことはしない。新しい予定は仕事もプライベートも何も入れない。また、ここまでくると、「いつもできていたことができない」「睡眠がうまくとれない」「気がついたら体重が落ちている」など、うつ病の症状が出てくる人もいるかもしれません。その場合は精神科の受診も必要です。

一旦気力がなくなると、なかなか回復しません。ちょっと回復したように思っても、すぐになくなってしまいます。「もうそろそろ動いてもいいだろう」と思ってもまだまだです。何もしない状態で粘るに粘って、「ああ、もう何かしないと退屈で仕方がない」と思った頃合に、「できそうなことの10分の1」

ぐらいから始めていく。それぐらい慎重にいくようにしましょう。「ほどほど」が間に合わなくなったときは、アナタが思うより重大な事態になっています。

「ほどほど」にすることもできないぐらい疲れていたら、何もしない。本当に何もしないこと。

自己否定をしている
アナタの中にある宝物。

Tomy's
Advice

◎自己否定が強い人へ

「ほどほど力」の弱い人は、自己否定をすることが多いように思います。「こんな自分じゃダメだ」という思いから、がむしゃらに頑張ろうとする。そのため「ほどほど」なんていう考え方はどこかに飛んでしまうのです。

そこから考えると、「自己否定をしない」というのも「ほどほど力」を身につける一つの方法になると思います。ではどうしたら「自己否定」をしなくて済むのでしょうか。

そのためには自己否定をする人の特徴について考えていきたいと思います。よくよく考えれば、自分も一人の人間にすぎない。いいところもあれば悪いところもある。誰でもそうです。それなのに自己否定をしてしまう人は、自分の悪いところだけを見ているのです。それを避けるためには、自分の良いところをちゃんと探すことです。

たとえば、「いつも子どもにイライラしてきつく怒ってしまう。こんな私じゃダメだ」などと言う人がいます。この方はきっと「感情的に怒ってしまう自分」だけに焦点を当ててしまい落ち込んでいます。しかし、本当にこの人の特徴はそれだけなのでしょうか？

たとえば視野を広げてみます。自己否定する人は自分の悪いところだけを見ているので自然と視野が狭くなっています。だから、自分を分析するカメラを引いて引いて、全体像を見るというのも一つの方法です。

視野の広げ方には、「なぜ」「なぜ」でどんどん追及していく方法がおすすめです。子どもにいつもイライラするのはなぜでしょう。それは子どもといつも一緒にいるからです。ここでもうアナタの良いところは見つかっています。いつも子どもと一緒にいて、子どものことを考えていて、悩む真面目で素敵なお母さんです。なぜ自分を責めるのでしょう？　子どもが悪いとは思っていないからです。また一つ見つかりました。子どもを責めたりせず、自分に問題があると考える素敵なお母さんです。

このように「なぜ」「なぜ」で問いかけていくと、新たな発見がしやすくなります。自己否定は自分について悩むことです。それは問題点は自分にあり、自分でなんとかしようとする思いなのです。そう、**はっきり言ってしまえば自己否定をするアナタそのものが良いところの塊なのです**。だからこそ、自分で

◎相手からの期待に対する大切な感覚

「ほどほど力」のない人は、相手からの期待にとても弱い側面を持っています。実は相手からの「期待」というのはストレスの元になるだけではなく、ある種の攻撃とすら言えるのです。たとえば「アナタならきっとこうできるよね」「アナタなら大丈夫」と有言・無言のうちに圧力をかけられているわけなのです。これは形を変えた命令であり、しかも命令したわけではないので、一見善意にすら見せかけてしまえるシロモノです。

しかし「ほどほど力」のない人は、この相手からの期待が持つ、一見善意の被り物に過剰に反応してしまいます。「期待されているのだから、全力で応えなきゃ」と思ってしまうのです。その結果ほどほど力が失われ、自分軸で動けなくなるのです。

ではこの期待に対し、どういったスタンスで臨むのが良いでしょうか。その根本的な態度は**「嫌なものは嫌」と思うこと**です。もちろん「嫌なものは嫌」と相手に示すことも大切ではありますが、時と場合、相手との関係性により容赦なく突っぱねる方法が得策ではないときもあります。そこはケースバイケースで慎重に考えるべきです。

ただ、心では「嫌なものは嫌」と思う。そして相手からの期待が嫌なのかどうか自分の本音を知っておく。これが大切です。その上で実際に相手にどう対応するか考えるのです。これを意識しないと、本当は嫌なのに、まるで本当は自分がやりたいことであるかのように思い込んでしまう。そうすると歯止めが利かなくなり、自分を見失います。実際にどう対応するかは別として「嫌なものは嫌」、これを自分に言い聞かせることが重要なのです。それでも真面目な人は「そんなこと思っちゃだめだ」「こんなふうに感じる私は間違っているのかも」というふうに出てきた感情を呑み込むこともあるかもしれません。しかし、この考え方には大きな問題点があります。嫌なものを明確化させずに呑み込んでしまうという問題です。すると嫌なものは嫌なまま何も対策されません。「なぜ嫌なのか」「どうすればいいのか」問題点を洗い出すのだと思えばいいのです。

「ほどほど力」の注意点とは？

Tomy's Advice

◎それは本当にやりたいこと？

大切な「ほどほど力」ですが、少し注意しておくべきポイントがあります。それは「自分がやりたいことを『ほどほど』にしないこと」です。自分が本当にやりたいことがあって、いい流れでそれが進んでいる。そんなときに「ほどほど」を意識してしまって途中で手を抜いてしまう。そうするとチャンスを失うことにもつながります。

「ほどほど」というのは、完璧にしたいもの、そうではないものの取捨選択に用いる技術なのであって、決してやりたいことを中途半端にあきらめる必要はありません。

自分のまさにやりたいことで、それがうまくいっているのなら胸を張って続けていいのです。ただそこに「やらなければいけない」という気持ちが入っているときは「ほどほど力」を発揮したほうがいいと思います。「やらなければいけない」と感じているものは、少なからず義務感が伴っています。それは強制されているともいえます。純粋にやりたいことではないのかもしれません。

「やりたいこと」＝「やらなければいけないこと」の場合はどうするのか、という反論もあるかと思います。この場合は、「ほどほど力」発動でいいと思います。というのも、真面目な人ほど「やらなければいけないことを、やりたいことだと思おうとする」からです。つまり後づけで、やりたいことにもしてしまうのです。

これは自分に嘘をつく行為で、危険です。結局無理をしてしまうからです。頭の中に思い浮かべたときに「やらなければいけないことでもあるし」というフレーズが出てきた場合は、やはり「ほどほど」がいいのです。

◎人生を振り返る練習

今まで「ほどほど力」について見てきましたが、「ほどほど力」とは言い換えると「人生を俯瞰《ふかん》する力」とも言えます。生きるということは大変なことです。毎日些末なことから大きなことまで、やらなければいけないことのオンパレードです。しかもこのパレードは終わりがありません。目の前のことに対処しているだけで人生が終わってしまいます。

ときにはこのパレードを処理しきれずに、自分がパレードに押しつぶされてしまうこともあります。「ほどほど」は、パレードにフィルターをかけて、必要なものだけを見つめ、見通しをよくする方法なのです。

そこで「ほどほど力」に加え、**人生を振り返る練習**をしてもいいかもしれません。アテクシのおすすめは寝る前のひと時です。ベッドの上でくつろぎながら、「今はこんなふうだけど、ゆくゆくはこうしていきたいなあ」などと考える。ある程度イメージできたら、「○歳までに○○する」などと具体的に書き出してもいいかもしれません。アテクシは時々やっています。自分年表です。過去も見つめていいのですが、一番大事なのは未来の年表を作ること。箇条書きで書き留めてみてください。そして過去の年表と見比べてみる。

すると実現していたり、忘れていたり、気持ちが変化したりと様々な発見があると思います。それが自分の生き方を決めるのに大切なのです。

人生の最後の瞬間を想像して、見えてくることもあるわ。

Tomy's Advice

◎自分の価値観の再発見について

自分軸において最も大切なことは「自分が納得すること」です。何事も自分で一旦冷静に考えてみて、納得したものだけを行う。「世間が」「他人が」どうのこうの言おうと関係ありません。一旦自分の気持ちに聞いてみて、それからどうするか決めます。自分で納得するために、もっとも大切なことは何でしょうか。それは価値観です。

残念ながら、今まで他人軸で生きてきた人が、いきなり自分軸になろうと思ったところでそれは簡単ではありません。「他人軸」自体が自分の価値観になってしまっているからです。「自分軸で動くのは自分勝手ではないのか」などと考えてしまうのもこのあたりに原因があると思います。自分軸で生きるためには「**自分の価値観とは何か**」改めて考えてみるという工程を挟んだほうがやりやすいと思います。

ではどうしたら、自分の価値観の再発見ができるのでしょうか。アテクシのおすすめは思考のシミュレーションです。自分の人生を眺めるもう一つの視点。それをどんどん遠く、高く持って行って自分の人生を眺めてみる。日常の些細な無数の問題は忘れて、5年後、10年後、自分の人生の間際のことまで考えてみる。自分の人生にも限りがあります。「最後の瞬間にどんな人生だったら満足しますか?」そこまで考えてシミュレーションするのです。自分の価値観、自分軸となるものが見えてきます。すぐにそれがわかりにくいと感じたら「必要ないもの」を数えだしていくのもいいでしょう。それで最後まで残ったものがアナタにとって大切なものです。

なかなかイメージしにくいかもしれないので、ここでアテクシのシミュレーションを実況していきましょう。5年後、10年後、そして最後の瞬間。まず高級品やら贅沢なものはそんなにいりません。たまにメリハリをつけて楽しい思いができる程度で十分です。最後はどうせ持っていけませんし。

一番大切なのは時間です。大切な人との大切な思い出をなるべく多く作っていきたい。そのためにはなるべく健康でいる必要があります。アテクシにとって仕事も大切ですが、充実した時間の要素として大切なのです。それが第一の目的ではありません。最後の瞬間は、「大切な人たちと大切な時間をいっぱい過ごせてよかった」と思いたいです。

ここまで考えてみて、自分の価値観が見えてきました。アテクシの価値観は「大切な人と大切な時間を過ごすこと」です。そのために健康も必要です。次に仕事です。いかがでしょうか？

アナタもすぐに答えが出なくていいので、このシミュレーションを試してみてください。いずれ、自分にとって大切なものが見つかると思います。

◎「勝ちたいこと」の優先順位は?

ここでは負けず嫌いな人について考えてみます。負けず嫌いな方は、「負ける」自分が許せず、自然と全力で物事にトライしようとします。つまり「ほどほど力」が持てない人だということになります。

しかし、よく考えてみましょう。本当にそうなのでしょうか? たとえば負けず嫌いの人でも得手不得手があります。絵を描くこと、料理を作ること、マラソンや球技、勉強、全ての面で負けず嫌いであろうとしてもそれはなかなか困難です。負けず嫌いの人であっても自ずと、自分の得意なジャンルで負けず嫌いになっているはずです。ただ負けず嫌いの人は自分が本当に得意なものばかりではなく、他のジャンルでも勝負しよう、負けないようにしようと「負けず嫌い」のテリトリーを拡充しようとする傾向があります。ここが曲者なのです。

そこで、前項にあるように物事の優先順位をつけ、どうしても負けたくないことだけ一点突破で負けず嫌いになるというのはいかがでしょうか? 勝ち負け自体が気にならなければそれはそれでいいのですが、なかなか自分の性質を変えるというのは困難です。そして負けず嫌いなのが欠点とは限りません。時として長所になり得ます。

だったら負けず嫌いがうまく自分の生き方に適応できるよう、工夫をするのが一番いいのです。それが**「優先順位を決めて、ここぞというところだけ負けず嫌いになる」**という方法なのです。これは全体としてはうまく「ほどほど力」にもなっています。勝ち負けにこだわるということ自体が悪いものではありません。ただそれがコントロールできなくなると自分を苦しめます。自分の性質をうまく活用して、「ほどほど力」、やりたいことは全力で、そうでもないことはほどほどに行っていけばいいのです。

今、頑張って取り組むことは、
「たった一つ」でいいわ。

Tomy's Advice

◎「限界までやる」から「ほどほどを楽しむ」へ

かつてのアテクシのパートナーは「がむしゃら」が好きな人でした。よくはわからないけれど、とりあえず何事も「がむしゃら」にやる。その中で見えてくる世界もあるのではないか、とよく話していました。そのときの彼は若さにあふれ、自信にみなぎっているように見えました。「山がそこにあるから登る」と登山家が言うように、やることがあるからがむしゃらにやる、といった感じでしょうか。

一方で当時のアテクシはどこかお坊ちゃま気質なところがありまして、あまり自分を苦境に追い込んだことはありません。もっとラクにやれるんじゃないだろうか、これぐらいでいいじゃないかという甘さがありました。そしてそんなアテクシには彼が大変魅力的に見えました。

それから、10年以上の月日が流れ、アテクシ自身も様々な経験を重ね、「がむしゃら」というのは逆に危険だなと思うようになっています。自分がどこまでできるのか、試すような生き方というのは同時に自らが怪我を負ってしまうリスクを抱えています。限界を試すわけですから、壊れてしまってから、ある

自分の時間を
大切に生きることが、
わがままなわけがないわ。

Tomy's Advice

◎どんな人生、どんな時間を過ごしたいか？

アテクシが多くのＳＮＳや書籍を通して発信したいことは、実はたった一つです。**たった一つの自分の人生、自分の時間をより快適に、より納得して生きてほしい。**ただそれだけなのです。これは当たり前のように思うかもしれませんが、案外難しい。というのも生きていると目の前にたくさんの処理しなければいけないものがあふれ出てくるからです。それに一つ一つ対応しているうちに、疲れ果て、だんだん自分が何のために生きているかわからなくなってくるのです。そして、なかには自分の人生をよりよく過ごすことを邪魔してくる人たちもいます。

そのため、アテクシがいつも発信している当たり前のことを常に意識する。そして実践する。そうして自分の時間を取り戻してください。なぜなら自分の時間というのは限られていて、いつ終わるかはわからないからです。

ただこんなことを言うと、こう思う方がいるかもしれません。自分の時間を大切にすることは、わがままではないのか？　と。これは明らかにそうではありません。自分の生きる時間を尊重するということは、我を通すことではありません。なぜならば、ただのわがままは、周囲の人を不愉快にする行為です。周囲の大切な人間を不愉快にして、アナタの時間が豊かになるでしょうか？なるはずがありません。

また、自分の気持ちを押し殺して、他人のために尽くそうとする人もいます。しかし、これも周りの人を幸せにする行為ではありません。アナタが辛そうに、自分のことを後回しにして尽くしてくれても決して相手も幸せにはなりません。つまり自分の時間を大切にするということは、周囲の人の時間を大切にすることであり、周囲の人の時間を大切にすることは、自分の時間を大切にすることでもあるのです。

自分の時間を大切にして生きるということは、わがままとはむしろ正反対の考え方でもあるのです。幸せになるためには、自分も、他人も誰もが犠牲になることはないのです。だから、何かで悩んだら、**「どちらを選んだほうがより自分の時間が豊かになるだろうか」**と考えて、納得して選んでください。それ以上の答えはどこにもないのです。

たとえば仕事のプロジェクトを達成するために行動する。それが自信や達成感につながり、快適に過ごせるのであればいいですが、自分の体力を削り、豊かな時間が無くなり、周囲の大切な人と過ごす時間が無くなってしまう。こうなってしまっては何のために一生懸命になっているのかわかりません。

自分が何より大切なものが「仕事をする時間」なのであればそれでもいいですが、そうじゃないケースもあるのではないでしょうか。冷静になってみれば家族と幸せに過ごす時間が何より大切だったはずなのに、「プロジェクト」という目的達成のためにいつの間にか自分を見失ってしまうこともあるでしょう。そのために「ほどほど力」を身につけ、自分を見失わないようにすることが大切なのです。

おわりに
「充実した毎日」とは？

◎人生は山登りではない

人生というのは不思議なもので、いつの間にやら一本の道を進んでいるかのように感じてしまいます。目標や到達点というものがあり、そこに向かって進まないといけない。そしてうまくたどり着けなかったり、迷ったりすると「回り道をした」「寄り道をした」「挫折をした」などと感じてしまうのです。アテクシは実はこの感覚に子どものころからずっと疑問を感じていました。

きっかけとなったのは父との会話です。アテクシは子どものころ父とよくいろんなことについて話をしました。価値観について、なぜ勉強するのかについて、将来どんな大人になるべきかについて。はっきり全部は思い出せませんが、小さなテーマから大きなテーマまで、実に多くのことについて話し合いました。

その中で父はよくこう言っていました。

「俺は今はこうして医者になってそこそこ稼いで、家族を支えることができている。しかし、ここに到達するまでに様々な回り道をしてきた。だからお前は、そんな回り道をすることなく、俺の話を聞いて進みなさい」。

アテクシは素直なほうでしたから、その話になると「うん、わかった。頑張る」などと答えていましたが、ずっと疑問に思っていました。「果たしてお父さんは回り道をしていたのだろうか?」と。

ここで少し父の話をしてみたいと思います。実は父の父、アテクシから見れば父方の祖父も医者で、地域医療に携わる開業医でした。アテクシの父は祖父の姿を見ながら、いつしか自分も医者になりたいと考えていたようです。

父は大変頭の良い人でしたから、成績も順調でした。しかしどこか不真面目なところがあり、数学などは得意でしたが、暗記科目はなるべく最小限で済ませようとしていたようです。結局第一志望の医学部は、合格できませんでした。

しかし、負けず嫌いでプライドの高い父は、浪人は選びませんでした。医学の次に興味を抱いていた建築学の道に進むことになったのです。そしてその後、一級建築士の資格をとり、建築士としての道を選ぶことにしました。

ところが、その中でどうしても祖父のことが気になっていたようです。結局社会人になって、母とも結婚し、姉まで生まれた段階で父は再度医学部を受験することを決意しました。同じ学校を受けることはプライドが許さないと、次は最難関の医学部を受験したのです。結果、なんと再度受験を試みてから一回で医学部に合格できました。父は母と幼い子ども二人を連れて、親戚から集めたお金とわずかなバイト代で、再度学生になったのです。そしてその数年後、父は医者としての人生を歩み始めました。

まだ社会人入学は珍しかった時代のことです。一回り以上年下の人間を先輩として医者の研鑽を積むことは、父にとって嫌なことだったに違いありません。それを「回り道」をしたと悔やんでいたのでしょう。

しかし、アテクシにはその考え方がしっくり来ませんでした。医者になることと自体がゴールであるのならば、確かに回り道に見えるのかもしれません。でも、医者になることがゴールではありません。人生はそのあともずっと続くのですから。

それよりも、一旦社会人になったあとも苦労をして、家族を支えながら医者を目指した父のことを尊敬していました。それはその過程があったからこそです。もし父の希望通りに回り道をすることなく医者になっていたら、その過程は父の人生から無くなってしまうのです。

そんなことを考えているうちに、アテクシはある結論に至りました。全ての起きることは、自分の人生オリジナルの出来事。どんな結果であっても、後悔する必要はないということです。

もともと生きるというのは、そういうものだったはずです。しかし、社会や教育の中で「こう生きるのが理想」「○歳までに○○をすべき」「○○できていなければ負け組」、こんな考え方を知らず知らずのうちに吹き込まれてしまっています。存在しない人生のレールを思い描いて、自分がその通りじゃないと苦しむ人も大勢います。

でも実のところ人生には道もなければ、ゴールもない。ただ生まれていずれ死ぬ。この期間が生きているということ。人生は自分が歩いてきた跡のことです。だったらその過程を受け入れて、そのときそのとき納得して、より楽しく充実して過ごすほうがいい。アテクシが常にＳＮＳや本を通じて発信しているのは、その思いなのです。

そして今回は、よりそんな生き方ができるように「ほどほど力」というのを考えてみました。誰もアナタを苦しめることはできません。ほどほど力を使って、自分を見失わない余裕をつくっていただけたらいいなと思います。

２０２４年４月

精神科医Ｔｏｍｙ

精神科医Tomy
（せいしんかいとみー）

1978年生まれ。名古屋大学医学部卒業後、医師免許取得。精神保健指定医、日本精神神経学会専門医。2019年6月から本格的に旧ツイッターで投稿を開始すると大きな反響を呼び、現在はフォロワー39万人超。

著書に『精神科医Tomyの気にしない力』（だいわ文庫）、『精神科医Tomyが教える30代を悩まず生きる言葉』、『精神科医Tomyが教える1秒で不安が吹き飛ぶ言葉』、小説『精神科医Tomyが教える心の荷物の手放し方』（以上、ダイヤモンド社）、『穏やかに生きる術』（KADOKAWA）ほか多数。

X　@PdoctorTomy
Voicy　https://voicy.jp/channel/2157

本作品は当文庫のための書き下ろしです。

だいわ文庫

精神科医《せいしんかい》Tomy《とみー》のほどほど力《りょく》
全力投球《ぜんりょくとうきゅう》は、もう卒業《そつぎょう》よ

著者　精神科医《せいしんかい》Tomy《とみー》

二〇二四年四月一五日第一刷発行
二〇二四年五月一〇日第二刷発行

発行者　佐藤　靖
発行所　大和《だいわ》書房
東京都文京区関口一－三三－四　〒一一二－〇〇一四
電話　〇三－三二〇三－四五一一

フォーマットデザイン　鈴木成一デザイン室
本文デザイン　岩永香穂（MOAI）
校正　メイ
本文印刷　厚徳社
カバー印刷　山一印刷
製本　小泉製本

ISBN978-4-479-32088-3
乱丁本・落丁本はお取り替えいたします。
https://www.daiwashobo.co.jp